卡尔·威特
经典育儿智慧

王芳亭/编著

Karl Witte

中国人口出版社
China Population Publishing House
全国百佳出版单位

图书在版编目(CIP)数据

卡尔·威特经典育儿智慧/王芳亭编著.—北京：中国人口出版社，2013.10

ISBN 978-7-5101-2038-1

Ⅰ.①卡… Ⅱ.①王… Ⅲ.①儿童教育—家庭教育—基本知识 Ⅳ.①G78

中国版本图书馆CIP数据核字（2013）第233707号

卡尔·威特经典育儿智慧

王芳亭 编著

出版发行	中国人口出版社
印　　刷	北京盛兰兄弟印刷装订有限公司
开　　本	820毫米×1400毫米　1/24
印　　张	10.5
字　　数	200千
版　　次	2013年10月第1版
印　　次	2013年10月第1次印刷
书　　号	ISBN 978-7-5101-2038-1
定　　价	36.80元
社　　长	陶庆军
网　　址	www.rkcbs.net
电子信箱	rkcbs@126.com
总编室电话	(010) 83519392
发行部电话	(010) 83534662
传　　真	(010) 83515922
地　　址	北京市西城区广安门南街80号中加大厦
邮政编码	100054

普通家庭也可以培养出天才

卡尔·威特是18世纪德国一个叫洛赫的小村庄的牧师，他因为把一个低智儿培养成了闻名全德意志的奇才而成为历史上最伟大的教育学家之一。

那个被认为先天不足、略有痴呆的低智儿正是卡尔·威特的儿子小卡尔·威特。在卡尔·威特的教育下，小卡尔八九岁时就能自由运用德语、法语、意大利语、拉丁语、英语和希腊语这六国语言；通晓动物学、植物学、物理学、化学，尤其擅长数学；9岁时他进入了哥廷根大学；年仅14岁就被授予哲学博士学位；16岁获得法学博士学位，并被任命为柏林大学的法学教授；23岁他发表《但丁的误解》一书，成为研究但丁的权威。与那些过早失去后劲的神童们不同，小卡尔·威特一生都在德国的著名大学里讲学，在有口皆碑的赞扬声中一直讲到1883年逝世为止。

卡尔·威特把对儿子小卡尔14岁之前的教育写成了一本书，这就是《卡尔·威特的教育》。书中详细介绍了小卡尔的成长过程，以及卡尔·威特自己的教育心得。卡尔·威特断言："天才儿子是我的教育的结果，不管谁使用了我的教育方法，肯定都会取得良好的教育结果。"诚如其言，受益于这本书，培养出了近代像塞德兹、威纳·巴尔及维尼夫雷特等无数世界级的通过早期教育成长的典范，这也被称为是诸多神童同时集中于哈佛大学的原因之一。

《卡尔·威特的教育》到底有何神奇之处？它的最大的特点是卡尔·威特教育小卡尔的方法，适用于普通家庭的每个孩子。只要理解其中的教育智慧，对孩子的早期教育投入足够的关注，普通家庭也完全可以培养出杰出的天才孩子。

不过，《卡尔·威特的教育》原译本内容过于冗长，并且随着时代的发展，有些观念已经不适用当今社会。我们本着让中国父母"读懂"的目的，在本书中详细解读了这部经典教育圣经，摘取其中的精华观点，古为今用，洋为中用，并结合孩子的学习敏感期和教育目标，根据不同时期的幼儿特点，有针对性地设计了相应的亲子游戏，让父母们在阅读经典的同时，陪着孩子快乐做游戏。在这本书的指导下，也许，您的孩子就是下一个天才！

目录

Part 1

孩子出生那天就开始教育

Part 2

卡尔·威特的家庭教育法

Part 3

营造良好的成长环境

Part 4

培养孩子学习的兴趣

Part 5

在游戏中提升学习力

Part 6

引导孩子性格健康发展

Part 7

独立生活是一切能力的基础

Part 8

人际交往能力是成功的加速器

Part 9

好习惯影响孩子的一生

Part 10

培养孩子最重要的优秀素质

Part 1

孩子出生那天就开始教育

Haizi Chusheng Natian Jiu Kaishi Jiaoyu

人生来就具有一种特殊的能力，这种能力隐秘地潜藏在人体内，等待着挖掘。可惜的是，这种能力是随着孩子的成长递减的。怎样才能杜绝孩子潜在能力的递减呢？就是从孩子出生那天起就开始教育。卡尔·威特认为，生下一个健壮的孩子，这只是父母亲走出的第一步，而从孩子出生那天起，父母就必须担起教育者的责任。

后天教育是孩子成才的关键

卡尔·威特经验：

卡尔·威特认为，孩子的天赋当然是千差万别的，有的孩子多一点，有的孩子少一点。如果所有孩子都受到一样的教育，那么他们的命运的确决定于天分，但现在的孩子大多受的是非常不完全的教育，有效的教育方法就成了关键。爱尔维修曾经说过："即使是普通的孩子，只要教育得法，也会成为不平凡的人。"所以当卡尔·威特知道小卡尔是低智儿时，并没有放弃教育："虽然我无法改变这个不幸的事实，但我能将他现有的潜能发挥到极点。尽管小卡尔现在没有别的孩子聪明，但总有一天他会超过其他的孩子。因为即使是天生聪明的孩子，在出生时有很好的起点，但如果得不到正确的培养也不可能充分发挥其潜能，那么他终究也不会成才。我们的小卡尔虽然现在的起点很低，但如果得到了合理的教育，他的潜能一定会充分发挥出来，最终会超过其他的孩子，超过所有人，他一定会成为德国最优秀的人才。"

解读经典：

卡尔·威特断言："天才儿子是我的教育的结果，不管谁使用了我的教育方法，肯定都会取得良好的教育结果。"这是基于他对天才儿子的教育成果，他的这份自信是源于他知道后天教育有多么大的力量。现在讲究优生优育，所以作为父母的我们，在孕前和孕期都会为孩子积极改变，如调整生活习惯，培养积极向上的人生态度等，迎接孩子的到来。在孩子出生后，教育就成为培养孩子的关键。每个孩子生来就具备一种特殊的能力，这种潜在的能力就是天赋。只要我们好好教育，充分发挥孩子的天赋，他就能成为一个不平凡的人。

卡尔·威特经典游戏

脸对脸

适宜年龄：0~3个月。

游戏准备：保持愉悦的情绪。

游戏开始啦：

1 当孩子吃完奶，或者吃饱喝足很安静的时候，将他横抱起来，头部略高，让他与你脸对脸，并对他微笑，引起他的注意。

2 让孩子躺在小床上，你将脸慢慢凑近孩子的脸，边凑近边观察孩子的眼睛，看他是否注意到了，最终停留在20~30厘米的距离上，只有这个距离孩子才能看清你的脸。

3 当孩子注意到你的脸之后，就对他微笑、慢慢说话，类似“孩子吃饱了”、“我是妈妈”、“你要快快长大”等。

游戏提示：刚出生的孩子视力、观察力、记忆力都较差，这个游戏可以让孩子通过多次观察、记忆来熟悉你的脸，不但培养孩子的视力，还能逐步建立孩子的安全感。

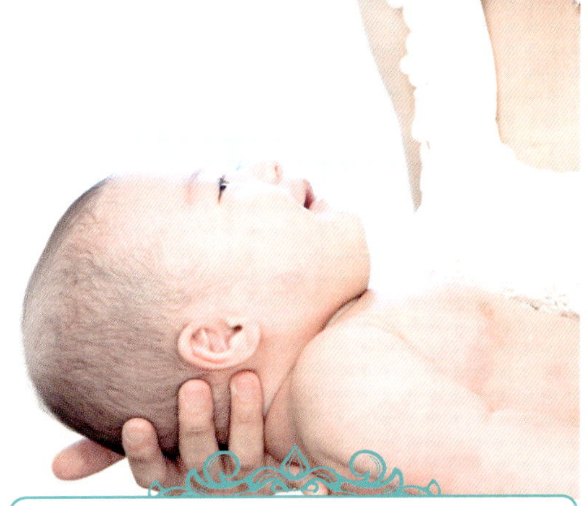

小贴士

注意时间不要太长，每次5分钟即可，当孩子注意力不集中了，可能就是要睡觉了，就不能再打扰他了。

抚摸孩子

适宜年龄：0~1岁。

游戏准备：在阳光照耀的午后（室温在24℃~26℃），给孩子先洗个香喷喷的澡，就可以开始啦。

游戏开始啦：

1 从孩子的前额中央开始，用两手大拇指指腹沿着眉骨向两侧滑动，滑到太阳穴轻按一下，再用两拇指指腹从下颌中央向外、向上滑动，两手掌心贴着前额，由发际线中央向后、向上滑动至后发际线，再绕回耳垂后。抚摸时多与孩子说话，如“宝宝真乖”“妈妈爱你”等，并随时注意孩子的情绪。

2 两手掌分别贴着孩子的胸下部两侧，分别向对侧的外上侧滑动，画一个“X”字。

3 一手放在孩子腹部右下侧，开始滑动，画一个倒着的“U”形，到达腹部左下侧，问问他：“舒服不舒服？”

4 一手抓着孩子的手腕或脚腕并轻轻提起，另一只手呈环状从肩部或大腿根部边挤压边向手腕处或脚腕处滑动，遇到大肌肉群和关节略作轻柔搓揉。

游戏提示：经常抚摸孩子能够提高孩子智商，增进孩子睡眠，还有利于提升亲子感情。

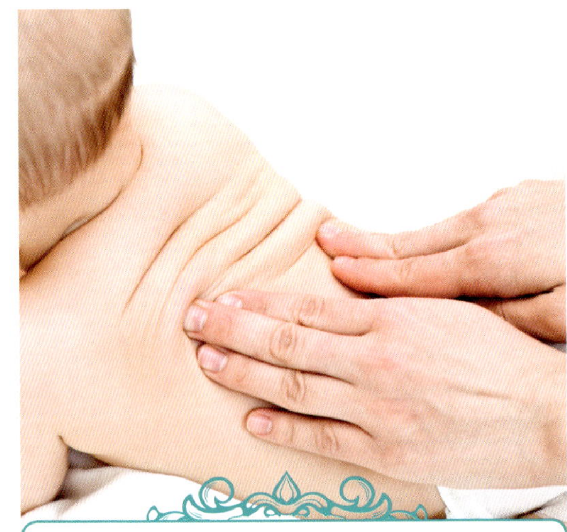

小贴士

注意手法一定要轻柔，时间不要过长，如果孩子有不耐烦或者抵制情绪，要及时停止。

儿童潜能递减法则

卡尔·威特经验：

卡尔·威特认为，儿童虽然具备潜在能力，但这种潜在能力是有着递减法则的。比如说生来具备100度潜在能力的儿童，如果从一生下来就给他进行理想的教育，那么就可能成为一个具备100度能力的成人；如果从5岁开始教育，即便是教育得非常出色，那也只能成为具备80度能力的成人；而如果从10岁开始教育的话，教育得再好，也只能达到具备60度能力的成人；这就是说，教育开始得越晚，儿童的能力实现就越少。这就是儿童潜在能力的递减法则。所以教育孩子的第一要旨就要是杜绝这种递减。而且由于这种递减是因为未能给孩子发展其潜在能力的机会致使能力丧失所造成的，因此，教育孩子的最重要之点就在于要不失时机地给孩子以发展其能力的机会，要让孩子尽早发挥其能力。

解读经典：

教育开始得越早，儿童潜在的能力实现得也就越多。如不能及时给孩子发展其能力的机会，就会造成他潜在能力的丧失。这也是我们常说的教育要抓住孩子发展的敏感期。敏感期是自然赋予幼儿发展的生命助力，只要抓住儿童在每项技能发展的敏感期内接受相应的训练，就会取得事半功倍的效果。从出生到3岁是人脑生长的高峰期，就是脑发育的关键期，这个时期孩子对有利或者不利的刺激最敏感。要想造就更多的天才，最重要的就是及早挖掘、诱导孩子自由地发挥出这种潜在的能力，对孩子的教育必须与孩子的智力发育同时开始。

卡尔·威特经典游戏

婴儿游泳

适宜年龄：0~1岁。

游戏准备：带孩子到专业的婴儿游泳场所或者在家准备一套婴儿游泳池，另外准备游泳圈、大浴巾。

游戏开始啦：

1 将脱了衣服的孩子用大浴巾包裹，一边活动孩子的四肢，做好热身，一边跟他说："先热热身，我们马上就可以游泳啦。"

2 将充好气并确定不会漏气的游泳圈套在孩子脖子上，扣上扣子。边套边跟孩子解释："这小小游泳圈可保证你的安全。"解除孩子接触陌生事物时的紧张感。

3 将孩子抱到泳池边，撩些池水到他身上，让他适应，并问问他："水凉不凉，舒服吗？"

4 孩子适应池水后，就把他放下水池。孩子游泳时，你可在一边叫他："到妈妈这边来。"看他的反应。

游戏提示：泡在水中会让孩子感觉特别安全，对稳定情绪很有利。另外，游泳可锻炼孩子的身体力量，也可使触觉变得敏感。

小贴士

游泳圈要试大小，套好后孩子脖子和游泳圈之间的间隙能插入大人的一个手指较合适。游泳时间每次不超过20分钟，孩子若出现呕吐、肤色发青等症状，要马上停止游泳。

成功地感知孩子的需要

ξ 卡尔·威特经验：

怎样对刚出生的孩子进行教育呢？卡尔·威特认为，如果婴儿已感到了你的关心和爱抚，这就说明你已经在教育他了。刚出生的婴儿的大脑还处在一个空白状态，在长大成人的过程中，方方面面都可以纳入教育的范畴，也就是说，孩子从出生那天起就应该开始教育。人们总以为教育孩子就是教他们读书、识字、学习知识。其实，这些仅仅是教育中必不可少的一部分。在卡尔·威特看来，一个孩子从初生的婴儿渐渐长大成人，这个过程中的方方面面都可以纳入教育的范畴。这些教育是细小而琐碎的，大部分是一些自然而又简单的动作：搂抱、轻拍、对视、对话、微笑；也可以是一些有意识的行为：唱歌，轻柔的音乐等等，只要孩子已经感受到了你的关心和爱抚，就已经是教育他了。能够成功地感知孩子的需要，便是父母成功的开始。这是父母和孩子建立起来的第一条成功的纽带，它会为今后的教育和训练提供良好的感情基础。

ξ 解读经典：

对孩子而言，父母的关爱是最好的教育。新生儿的任何举动都透露着他的需求，父母应以最敏锐的感觉去解读孩子的密码，满足他的需求。啼声是新生儿的语言，当我们把哭泣的孩子抱在怀里，温柔地和他说话，眼神关切疼爱，并和孩子对视，他不但会安静下来，也使得他对环境获得一个积极的印象。及时与新生儿进行交流，就是对他的教育。孩子在生命初期所经历这样的爱、信任和鼓励，可以在第一时间促进孩子对世界的认知，都会成为其大脑结构和功能的永久部分，促进孩子的脑神经发育。所以，父母要时刻感知孩子的需要，从孩子自身出发，以适应他发展的步骤来调整和进行教育，以形成属于他个人的独特教育。

卡尔·威特经典游戏

妈妈爱宝宝

适宜年龄：0~1岁。

游戏准备：选择孩子精神状态好的时候。

游戏开始啦：

1 妈妈抱起孩子，和他温柔说话。这样你每一次抱起孩子，同他说话，都会使母子之间建立一种信任关系。

2 在抱起孩子后，可以轻轻地左右摇晃，让他熟悉你拥抱他时手臂的力量，然后边轻摇边说“抱抱宝宝，妈妈爱宝宝”，然后亲亲他，让他感受到你的爱意。

3 重复动作，这会让孩子感到非常安心。

游戏提示：健康的亲子关系，是孩子早期教育的基础和保证，妈妈的轻声细语，对孩子来说是最有效的智力增长剂。

小贴士

如果孩子长期被独自搁置在婴儿床上消极且被动地成长，潜能就得不到开发，父母要多与孩子进行交流。

训练孩子的五官之视觉发展

卡尔·威特经验：

卡尔·威特认为婴儿时期的一切能力，如果不利用与开发，就永远也不会得到发展，因为听觉、视觉、味觉、嗅觉、触觉，是人类感知外部世界的生理基础。充分刺激孩子的感觉器官，能够促使大脑的各部分积极活动。如果孩子大脑的各个功能区都能发挥出最大效能，就会成为一个聪明伶俐的人。因此，卡尔·威特决定从训练小卡尔的五官（耳、目、口、鼻、皮肤）、刺激大脑发育开始。

在小卡尔出生后，卡尔·威特就为他准备了鲜艳的玩具挂在床头，或者摆在孩子的四周，并会时常移动玩具来刺激他的视觉。他还经常让小卡尔看用三棱镜映在墙壁上的彩虹。小卡尔非常喜欢看，后来当他哭时，只要看见彩虹就不哭了。

解读经典：

有效地训练眼睛，是开发孩子智力的重要一步。视觉能力早在孩子还是一个胎儿时就已经具备，只是还比较低微，新生儿也只能看到不超过30厘米、45°角以内的事物，需要在以后的日子里继续发育、发展，逐渐学会由近及远、由个别到全面、由一个物体转移到另一个物体等这些在大人看来非常简单的本领。父母做得好，训练适当，孩子将来的视觉能力会更灵敏。

卡尔·威特经典游戏

宝宝爱红色

适宜年龄：0~3个月。

游戏准备：一些红色的物品比如红色气球、大红花、红色卡片等。

游戏开始啦：

1 手里拿着着红色的玩具，如大红花等，在距离孩子30厘米左右的地方，叫一声：“宝宝，看，漂亮的红花。”然后晃晃花，让他注意到，然后慢慢移动，看他是否追视。

2 将一张红色的卡片和其他颜色的卡片叠在一起，放到孩子的眼前，然后一张一张地翻过，观察他的表情，你会发现当翻到红色卡片的时候，孩子的表情明显兴奋起来，这时你可以说：“红色的，宝宝最喜欢红色了！”

游戏提示：0~3个月的婴儿最喜欢红色，红色更能引起他的注意，促进他的视觉发展。在3个月以后，可以增加更多色彩来做这个游戏。

小贴士

新生儿的眼睛非常脆弱，不能给孩子的眼睛过于强烈的刺激，比如拍照不能用闪光灯，不让孩子的眼睛正视明亮的手电筒或者被太阳直射等，房间的光线也不宜太过强烈。

训练孩子的五官之提高听力

ξ 卡尔·威特经验：

孩子的听觉系统在出生时比视觉系统要完善得多。卡尔·威特认为，母亲悦耳的歌声对训练听力极其重要，而幸运的小卡尔有一个拥有很不错嗓音的母亲。从他未出生的时候起，小卡尔的母亲就经常给他唱美妙动听的民间歌曲。卡尔·威特虽然不会唱歌，也经常给他朗诵诗歌。在小卡尔出生6周后，卡尔·威特对他轻轻地朗读诗，效果非常好，每当他朗读一首诗时，小卡尔便能马上静下来并很快入睡。就这样重复再重复，小卡尔满一周岁时就能背诵这首诗的一部分了。

ξ 解读经典：

新生儿已经可以对外界声音做出各种反应，比如惊跳、瞬目、吸吮、呼吸节律改变等，这时，可以多跟孩子说话，给孩子听听音乐。孩子最喜欢妈妈的声音，妈妈不但可以用语言强化孩子的听力，经常跟孩子说话，还可以经常哼唱自己喜欢的歌曲，让孩子从单纯的听到声音发展到注意声音、寻找声音、辨别声音等高级阶段，让听力变得更加灵敏，这样对提高孩子的记忆力，促进他的大脑发育也有积极作用。注意也要让爸爸参与进来，要知道，正是卡尔·威特每天坚持的诗歌朗读，对小卡尔的成长起到了很大的作用。

卡尔·威特经典游戏

唱支歌儿给你听

适宜年龄：出生后。

游戏准备：不需要准备。

游戏开始啦：

对孩子轻声哼唱，不但能训练他的听力，还能使他放松，感到安全。无论唱歌水平好坏，妈妈都可以经常哼唱给孩子听。

小贴士

别让孩子接触巨大的声音比如鞭炮，鞭炮炸响时很容易震坏孩子的鼓膜，从而失去听力。

游戏提示：妈妈唱歌时语气、语速、语调多变，更加能充分刺激听觉系统的功能，充分发挥作用。

训练孩子的五官之触觉

卡尔·威特经验：

当小卡尔出生不久，每当他醒来，小手张开的那一刻，卡尔·威特都会让他抓点东西，经常让小卡尔抚摸东西和拍手掌，在小卡尔手拿贴有砂纸的木片和其他种种物品时，教给他粗糙、光滑等形容词，训练小卡尔的触觉。卡尔·威特和妻子每天都会给小卡尔洗澡、按摩手脚，这样既能发展他的触觉，又能促进血液循环和肢体的灵活。在小卡尔长大一点后，就经常与他做“蒙眼睛”的游戏。具体的玩法是把小卡尔的眼睛蒙上，给他各种物品让他猜是什么东西；另一种玩法是蒙上眼睛，在屋子里摸索，碰到一件东西就让他猜是什么，卡尔·威特通过这类游戏有效地发展了小卡尔的触觉。

解读经典：

触觉指的是碰触发生时身体受到的感觉刺激，包括轻、重、尖、钝、冷、热等，是孩子最早发展的能力之一。在幼年有充分触觉感受的孩子，触觉敏锐，性格也不会过分敏感，相较触觉体验少的孩子更有安全感。人体全身上下都能获取触觉体验，最有这种智慧的是舌头和手，父母经常会发现孩子吃手或往嘴里放东西，这其实是他在用嘴来认识手和其他物体，是触觉能力的体现之一。因此，对孩子自己的触觉运用，父母没必要过分阻止，只要保证他放到嘴里的都是安全的、干净的就行了。

同时，父母应该给孩子适当的训练，让他接触更多的东西，感知更多物体的特性，比如粗糙的石头、光滑的丝绸，温热的水、冰凉的冰，沉重的枕头，枕头拿掉后的轻松等等，以此锻炼他的触觉。当孩子大一些，你可以给他更多的自由，让他在更广阔的空间里玩耍，这样他的触觉体验会更丰富。

卡尔·威特经典游戏

这是什么

适宜年龄：1个月以上。

游戏准备：一些不同质感的东西，如丝巾、塑胶球、毛绒玩具、小纸盒等。

游戏开始啦：

1 将所有准备好的东西都摆在孩子的眼前，看他是否会用手去拿。

2 孩子如果自己用手拿了，不管拿到什么都可以让他玩一会儿，并告诉他他拿的是什么，有什么样的质感。

游戏提示：这是卡尔·威特的经典游戏。刚开始可以被动地让孩子触摸物品，4个月以上的孩子能够有意识地抓和触摸物品了，这个游戏正适合，玩到他不想玩了为止。

小贴士

这些用来给孩子触摸的东西体积要大一些，方便抓握，也不容易被他吃下去，避免窒息。

训练孩子的五官之嗅觉和味觉

卡尔·威特经验：

卡尔·威特经常给小卡尔各种味道的刺激，并特别注意不让小卡尔吃太多的糖和盐，从自己做起，始终坚持吃清淡的食物。这样既可以保持他的感觉灵敏度，又可以避免养成多吃糖和盐的坏习惯。

解读经典：

嗅觉是孩子天生就具备的能力，出生1周后，就能凭借鼻子准确找到妈妈的乳头。而味觉能力早在胎儿时期就表现了出来，甚至就有了对甜味的偏好。研究表明，还是胎儿时，妈妈吃了甜食之后他就会加快吞咽羊水的速度，妈妈吃了苦味或酸味食物时就减慢吞咽速度。

在婴儿时期，孩子的这两种能力也非常出色，无论是用鼻子还是用嘴巴，都能准确区分出自己妈妈乳汁的味道和别人的不同，但是过了婴儿期，这两种能力都会有所退化，因此成人远不如婴儿嗅觉和味觉敏感。此时，可以有意识地保护这两种能力不受伤害，并增加适当的训练，孩子长大后的嗅觉和味觉可能会超出常人。

卡尔·威特的饮食清淡就是保护味觉的好方法。此外，不要让孩子接触特别刺激的气味或味道，比如不给他闻或尝特别酸、特别辣等刺激性的东西，也不要给他吃特别烫的食物，以免削弱他的这两种能力。在日常生活中，为孩子提供成人所能接触到的所有气味和味道，并告诉孩子这是一种什么气味或味道，在不存在卫生问题时，不拒绝孩子任何用嘴尝试的行为，以此保护他的味觉。

卡尔·威特经典游戏

花香的味道

适宜年龄：满月后。

游戏准备：只要孩子醒着就可以带他做这个游戏。

游戏开始啦：

1 带孩子散步时，如果可以闻到花香，你可以用吃惊的语气问孩子：“啊，什么味道？好香啊！我们去看看。”

2 走到花儿面前，立刻用夸张的语气说：“啊，原来是花儿的味道。春天来了，花儿开了，很香啊。”

3 抱孩子到花儿附近闻闻，让他更确定味道是花儿散发出来的。

小贴士

有些孩子对某些花草过敏，父母要注意观察，如果出现过敏反应，就要避免再接触此类花草。

游戏提示：通过鼻子发现味道，并顺着味道找到发出该种味道的事物，不但能发展孩子的嗅觉能力，还能锻炼他对事物因果关系的认知。

从小进行适当的体能训练

卡尔·威特经验：

有人问卡尔·威特，小卡尔所受的教育和取得的成就，是早期教育的成果，但受到这样的教育，他的健康是否受到了影响呢？其实小卡尔不仅在小时候，就是长大以后也一直是非常健康的。小卡尔出生时身体一般，卡尔·威特从小就很注意小卡尔的体能训练，在小卡尔新生儿时期，卡尔·威特就训练小卡尔抓手指，利用婴儿与生俱来的“把握反射”，小卡尔就会像吊单杠一样用力拉起自己的上身。等到两个月大反射消失时，小卡尔的胳膊已经练得相当有力，为提前进行爬行训练创造了条件。卡尔·威特每天都给小卡尔洗澡，按摩手脚，这样既能发展他的触觉，又能促进血液循环和肢体的灵活。

小卡尔满月之后，在床上能够抬起头来了，卡尔·威特就用手推着他的脚丫，训练他爬行。在小卡尔尝试爬行时，卡尔·威特和妻子在前方用小玩具逗引，这样，小卡尔就学会往前爬了。婴儿爬时，其颈部肌肉发育快，头抬得高，可以自由地看周围的东西，受到各种刺激的机会也增多了，这就会大大促使大脑发育。

解读经典：

健康的身体是人生命的基础，父母从小就要注意孩子的体能训练。婴儿的体能训练是循序渐进的，卡尔·威特对小卡尔的训练也是遵循了孩子的发育规律。在日常生活中，父母可以按照孩子的动作发育规律，有意识地帮助孩子锻炼。在新生儿时期，不要将其裹得严严实实，以免妨碍他的自由活动。在孩子满月后，父母可以让孩子趴着，他会自己抬头观看前面的东西，甚至双肩可以抬起来，慢慢地，他就会自由地由仰卧到俯卧，甚至翻身了。此时，可以用手推着他前行，教他爬行的动作。6~8个月后，可以训练他用手和膝盖爬行，直到孩子能自己站立和行走为止。

卡尔·威特经典游戏

宝宝“学走路”

适宜年龄：孩子出生之后就可以开始了。

游戏准备：孩子清醒状态时。

游戏开始啦：

1 从背后托住孩子的腋下，用双手大拇指控制住他尚不能竖直的头部，让孩子光着脚接触床面，他就会自然迈步。

2 从出生第8天开始，每天可做3～4次，每次不超过3分钟。

游戏提示：出生约8～56天的孩子具有一种先天的本领——行走反射，可以利用孩子的这一能力并加以训练，促进孩子大脑的发育和智力发展。

小贴士

孩子患病、体质弱、情绪不好的时候不要做。训练时要特别注意安全。

抓住孩子的潜能发达期

卡尔·威特经验：

每个动物的潜在能力，都各自有着自己的发达期，不管哪一种，如果不让它在发达期发展的话，那么就永远也不能再发展了。如小鸡“追从母亲的能力”的发达期大约是在出生后4天之内，如果把刚生下来的小鸡在最初4天里不放在母鸡身边，那么它就永远不会跟随母亲了；小鸡“辨别母亲声音的能力”的发达期大致在生后的8天之内，如果在这段时间里不让小鸡听到母亲的声音，那么这种能力也就永远枯死了。

英国司各特伯爵的儿子，刚出生几个月时，由于海难父母双亡而被遗弃在孤岛上，被一群大猩猩收养。20年后，被人们重新找到的小司各特，能够像大猩猩那样灵巧地攀爬跳跃，在树枝间荡来荡去，但他不会用两条腿走路，也不会一句人类的语言。科学家们花费了10年功夫，小司各特终于学会了穿衣服，用双腿行走让虽然他还是更喜欢爬行。但是，他始终也不能说出一个连贯的句子来，要表达什么的时候，他更习惯像大猩猩那样吼叫。

因此，教育孩子的最重要原则之一就在于要不失时机地给孩子以发展其能力的机会，也就是说要让孩子尽早发挥能力。

解读经典：

把握好孩子的潜能发达期，孩子学习起来就会事半功倍。以下为孩子的8个潜能发达期：

年龄	敏感期	年龄	敏感期
0~6岁	感官、动作敏感期	1~6岁	语言敏感期
1.5~4岁	对细微事物感兴趣的敏感期	2~4岁	秩序敏感期
2.5~6岁	社会规范敏感期	3.5~4.5岁	书写敏感期
4.5~5.5岁	阅读敏感期	6~9岁	文化敏感期

值得注意的是，每个孩子的敏感期会有所不同，这取决于不同的个体及环境的影响，父母需要仔细观察，最大化地发挥孩子的潜力。

卡尔·威特经典游戏

叫宝宝的名字

适宜年龄：出生之后。

游戏准备：孩子醒着的时候。

游戏开始啦：

1 在抱起孩子或给他喂奶时，先轻轻叫孩子的名字，引起他的注意。

2 当孩子2个月后，父母可以在不同的方位呼唤他的名字，面对面地叫后，转到侧面、背面叫，看孩子是否能迅速做出反应。

游戏提示：尽早使用孩子的名字，经常呼唤，可以让他把名字和他自己联系起来，知道这个名字代表的就是自己，在别人呼唤他时懂得回应。

小贴士

孩子在1~2个月的时候，还不懂自己的名字，只是对声音有兴趣，大约要等到4个月以后，才能明确知道自己的名字，并表现出明显的关注。

给孩子灌输准确而标准的语言

卡尔·威特经验：

卡尔·威特经过试验发现，孩子在两岁左右时，如能缓慢、清晰地教他说正式的语言，一般来说孩子都可以发出音来，不过，为了孩子能更好地发音，他反对教给孩子不完整的话和方言。事实上，大人们认为有趣的儿化音，婴儿用语，如“汪汪”“呀呀”等，对幼儿来说虽然相对要容易一些，但这也同样会给他们后期学习造成麻烦。对孩子的语言学习来说，完整规范的语言是他们迟早要学的语言，而那些半截子语言却是他们不久就要抛弃的语言。让孩子学两套语言，势必给孩子造成双重负担。因此，做父母的，绝不应当教给孩子一些不完整的话，以免浪费时间。

卡尔·威特从小卡尔出生时起，就尽可能地对他说准确而漂亮的德语，而且绝对不教给小卡尔不完整的话。这种完整的语言教育从一开始就起到了很明显的效果。小卡尔还不到一岁时，有位朋友对他说：“卡尔，我想看看你的汪汪。”小卡尔纠正说：“这不是汪汪，是狗。”这位朋友对此大为惊讶。为了让小卡尔从小就学会标准的德语，卡尔·威特总是反复清晰地发音给儿子听，只要小卡尔发音准确，就会给予夸奖，经过卡尔·威特的坚持和努力，小卡尔从小的发音就非常准确。

解读经典：

对孩子的语言学习来说，他们迟早要学会完整规范的语言，因此，父母在生活中就要多注意自己的发音准确，尽量用标准的普通话与孩子交流，排除一些方言的成分。父母要有意识地教孩子发音，和孩子说话时，一定要面对面，尽可能靠近他，让孩子看清你的表情和口型，学习正确的发音方法。父母要注意自己的表情，夸张一点，丰富一点。有明显的声音起伏，声调比较高，语速放慢一些。这些因素都会帮助孩子发出正确的读音，提高孩子的语言能力。

卡尔·威特经典游戏

穿衣戴帽学说话

适宜年龄：出生1周后。

游戏准备：给孩子要穿的衣服。

游戏开始啦：

1 给孩子穿衣时，可以一边拿衣服给孩子看，一边告诉他“这是宝宝的衣服”；一边给孩子穿衣服，一边对他说：“伸出小手，穿上袖子，系上带子。”“穿好啦，孩子的小衣服真好看。”然后亲亲他。这样让孩子看到你所讲到的这个“字”或“词”所代表的实物。

2 戴帽子时也重复这样的步骤，让孩子了解衣服、帽子、手、袖子这样的日常用词。

游戏提示：你这些语音刺激和实物的形象刺激，都会使孩子的视力、听力在进行着同步的锻炼。

小贴士

引导孩子说话，就要使孩子沉浸在愉快的气氛。注意你的语调一定要轻松、愉快。

伸出小手，穿上袖子，系上带子。

开发孩子的语言能力

卡尔·威特经验：

在教孩子语言时，语法不是最重要的，卡尔·威特在小卡尔8岁前都是通过听和说来教，而从未专门教过他语法。孩子其实都喜欢说话，从小时起，他们就常常一个人把学到的单词反复地说着玩。卡尔·威特就利用孩子的这种倾向，把小卡尔能理解的有趣的故事，用精选的词句组成短文，让他记住。他不仅能很快地记住，并总是高兴地复述着。之后，卡尔·威特把这些短文翻译成各种外国语言让小卡尔说，他也能很快记住。

解读经典：

能正确地运用语言意味着能正确地思考，卡尔·威特认为，在人的一生中1~5岁可能是最有语言才能的时期了，父母千万别让这种才能白白枯死。父母要为孩子提供听的环境，增加说的机会，尽早与孩子交谈。在与孩子交流时，父母的语言要准确、清晰、缓慢，科学地多次重复。

一般而言，语言发展分为三个阶段，3岁是孩子学习口头语言的第一个关键时期，5岁是孩子学习书面语言的第二个关键时期，而6岁是孩子掌握语言词汇能力的第三个关键时期。在不同的阶段，有不同的侧重点：

0~10个月：尽可能和孩子多说话，激发孩子的学习兴趣。不时纠正孩子不太清楚的发音，引导孩子逐步说清楚。

11~12个月：孩子能开口说话，这证明孩子真正的学习已经开始。引导孩子模仿父母所说的话，尽量与孩子对话，增加词汇量。要知道，大量丰富的词汇是语言的基础。

1~2周岁：孩子的理解能力迅速增强，父母应在日常生活中，尽量引导孩子说话，并教他准确和标准的发音。

2~3周岁：父母尽可能用规范的语言对孩子说话，多给孩子讲故事、念书、念诗歌等，并引导他自己讲故事。

4~6周岁：鼓励孩子自己看书，和孩子一起读故事、念儿歌，并与他一起进行语言表演。

卡尔·威特经典游戏

看图说话

适宜年龄：6个月以上，孩子能够看懂简单的图画，可以开始玩这个游戏。

游戏准备：文字简短、图案较大、形象准确、内容易懂的图书1本。

游戏开始啦：

1 把书递给孩子，让他先熟悉书。然后将孩子抱在怀里，把书拿起来摊开在他的面前，给他指点上面的图画。

2 刚开始给孩子读书的时候，让孩子认识书上的形象就可以了，告诉他这个是小鸡、那个是小狗，过一段时间问问孩子："哪个是小鸡？"看孩子会不会盯着小鸡看。

3 当孩子对图画的形象已经有记忆了，就可以加深解说内容，告诉孩子小鸡在做什么，小狗在做什么，如果小鸡的眼睛正对着孩子，可以说："小鸡看你呢。看，这是小鸡的眼睛。"让孩子了解更多的词汇。

游戏提示：图画是语言的一种，经常跟孩子玩看图说话的游戏，可以帮他更轻松地理解语言。

小贴士

给孩子的图书最好耐撕、不怕咬，这样一本书可以看很久，重复地看对孩子的语言开发效果才好。

抓住记忆力发展的关键期

ξ 卡尔·威特经验：

一位科学家说过：一切智慧的根源在于记忆，早期教育可以使记忆力发展的时间大大提高。尤其是婴儿时期，每天重复输入相同的词汇，不断地刺激孩子大脑里的词汇库，可以促使孩子的记忆力迅速发展。

卡尔·威特充分运用了这一科学的方法。为了使小卡尔牢记神话和圣经中的故事，卡尔·威特常常把有关内容缩写在纸牌上，让小卡尔反复查看，后来教他各国的历史时，也采用了同样的方法。这一方面概括起来就是，起初用讲故事的方法教，而后把它们编成纸牌，采用游戏的方式让小卡尔记得更加牢固。有时卡尔·威特还和小卡尔一起读一本有趣的书，并写出要点，然后经常重复说一说，提高小卡尔的记忆力。

ξ 解读经典：

在婴幼儿时期，孩子的记忆时间是短的，几天不重复，就会忘记得一干二净。父母可以不断拿出孩子背过的儿歌或诗歌让孩子反复念唱，强化孩子的记忆能力。孩子到了4岁时，记忆力开始迅速提高，6岁时达到顶峰，然后提高速度就开始减缓。到孩子9岁以后，记忆力的增长幅度就减缓到只有6岁时的1/3。所以，要想孩子有比较强的记忆力，父母可以从小就开始对孩子进行培养和训练。根据幼儿的特点，父母可以采用卡片的形式帮助孩子快速记忆，还可以启用孩子通过联想相似的事物的形状、颜色、用途帮助记忆，如“鸭子2”“帆船4”等联想记忆，而通过分类记忆可以记住事物的不同用途。在孩子练习记忆的时候多鼓励孩子，为孩子营造安静、愉快的氛围，对提高孩子的记忆力有明显的积极作用。一些锻炼孩子思维、增强孩子记忆技能的小游戏，如“什么不见了”“多了什么”“少了什么”“ 这里有什么玩具”“还原游戏”“看谁记得又快又好”等，都可以帮助孩子提高记忆力。

卡尔·威特经典游戏

蓝天是星星的摇篮

适宜年龄：孩子6个月后。

游戏准备：蓝天上有星星、大海里有鱼儿的图片各一张，也可在孩子入睡前摇着孩子唱儿歌，这样更加形象。

游戏开始啦：

1 和孩子一起看图片，让孩子知道星星在蓝天上，鱼儿在大海里，孩子在妈妈的怀抱里。

2 一边摇着孩子一边教孩子唱儿歌《摇篮》：蓝天是摇篮，摇着星孩子；大海是摇篮，摇着鱼孩子；妈妈的手是摇篮，摇着小宝宝；歌儿轻轻唱，宝宝睡着了。

游戏提示：让孩子认识蓝天、大海，教孩子学习儿歌，提高孩子的语言能力和记忆力。

小贴士

孩子喜欢重复，在睡前坚持唱一首儿歌，可以让孩子记得更快，更牢固。

从小让手发挥更多的功能

卡尔·威特经验：

在小卡尔醒来，小手张开的那一刻，卡尔·威特和妻子就赶紧让他抓点东西，平时经常活动儿子的手指，经常让儿子抚摸东西和拍手掌。卡尔·威特还经常引诱小卡尔观察大人的手，比如拿着小摇铃摇动等。这样尽量让孩子的手发挥多种功能，对于培养孩子的观察能力是有重要意义的。在孩子再长大一些时，卡尔·威特就让小卡尔模仿大人拿笔（不过，这是小卡尔主动模仿卡尔·威特写字来实现的），或者拿勺等一系列动作，虽然小卡尔还不够熟练，但是他通过观察已经开始发挥手的功能了。

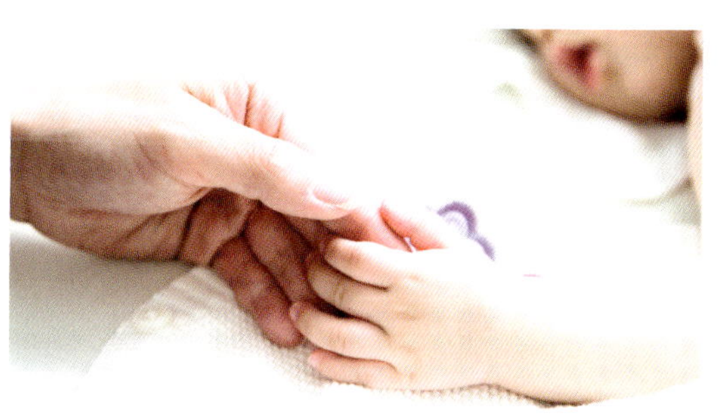

解读经典：

婴儿认识自己是比较缓慢的，认识手也要花费比较长的时间。为了让孩子尽早发现自己的手，并理解手的作用，父母要尽量让孩子的手发挥多种功能，就是说，让孩子的手有事情可以做。父母可以在孩子的手腕拴一条红布或者戴个铃铛，让孩子更早、更多地关注自己的手，从而更早学会使用手。最重要的一点，你不应该束缚孩子的双手，更不应该给他戴手套，也不要阻止他吃手的动作。

人的手指运动中枢在大脑皮层中所占的区域最广泛，多动手，孩子的大脑才会更聪明。孩子对手的能力认识得越多，他们对手的能力发挥也就越多，动手能力就更强。父母可以自己设计一些小游戏，来进一步锻炼和加强孩子的手部动作能力，尤其是精细动作。比如抓握拨浪鼓、拧瓶盖、挑豆子等游戏，此类游戏还可以提高他的手眼协调能力，对培养孩子的观察力和注意力也是有帮助的。

卡尔·威特经典游戏

抓手指

适宜年龄：出生2周后；满1个月以后天天都可以玩几次。

游戏准备：孩子醒着时。

游戏开始啦：

1 妈妈的手指是孩子开始练习抓握的最好的练习工具。你可以把自己的手指伸进孩子的掌心，跟他说："孩子，抓住妈妈的手指。"等孩子握住。

2 孩子握住后，轻轻将手指往外抽，刚开始孩子的手因为无力，不会跟着你的手指运动，但过不了多久，就能跟着动一点距离，然后才无力松开了。

3 随着孩子的成长，他将能越来越紧握你的手指了。

游戏提示：孩子的手一般都是紧紧握着的，让他练习抓握可以让手掌伸展再握住，锻炼关节的灵活性和手掌肌肉的力量。

卡尔·威特的家庭教育法

家庭是孩子成长的摇篮。卡尔·威特深深感觉到父母以及其他家庭成员的行为，对孩子的成长起着决定性的作用；父母及其他家庭成员的言谈举止、行为作风时时刻刻都在影响着孩子。卡尔·威特深信并坚持健康良好的家庭教育法，对小卡尔展开多方面的教育。

正确喂养非常重要

卡尔·威特经验：

“不同的胃，会造就不同的人。它可以决定人变成乐天派或厌世者。”在卡尔·威特看来，这句话的含义不仅仅是说明了吃东西对人身体上的影响，它对人的影响还有许多。因此，卡尔·威特很注意对小卡尔的喂养，小卡尔出生后的头半个月，他坚持定时给小卡尔喂奶、喂水，使小卡尔的生物钟一开始就形成规律。从小卡尔4个月时起，在吃母乳前，先给他点蜜柑汁，后来又添加香蕉泥、苹果泥、胡萝卜泥、青菜粥等等，再过一段，开始给他喂汤，吃煮熟的鸡蛋、马铃薯等，让小卡尔熟悉不同的食物。卡尔·威特还认为爱吃的食物就是最好的食物，所以只给他吃喜欢的食物。但是在他两周岁之前，不让他吃肉。

解读经典：

从现在的营养学角度来看，食物对人的性格确实有一定的影响。在人们常吃的食物中，含有各种各样的营养元素，如果食品单一，会造成人们对这些营养的摄入过量，进而可能对人的性格造成影响。0~3岁是孩子性格形成的关键时期，为了让孩子拥有良好的性格，父母要做好孩子的营养师。

新生儿时期，可以按需喂养，慢慢的，你可以按时喂奶，形成孩子的生物钟规律。在孩子4个月后，就可以给他添加辅食了。一般的经验是最先从米粉糊开始，循序渐进地给孩子添加其他辅食，一次只加一种，并且在添加新辅食品种后至少等3天，再加入另一种食品，逐步让孩子接触到各种不同的食物。到大约8个月左右，孩子就应该可以每天吃3次辅食，为健康发育提供充足的营养。此外，注意定时定点就餐，让孩子在餐桌上吃饭，让他从小就养成良好的就餐习惯。

卡尔·威特经典游戏

蔬菜、水果认一认

适宜年龄：孩子6个月后。

游戏准备：洗干净的蔬菜和水果。

游戏开始啦：

1 将蔬菜和水果洗净以后，装在置物筐里，放在桌子上。

2 先拿出一根香蕉，让孩子看一会儿，告诉他："这是香蕉，黄颜色的香蕉。"再拿一个西红柿，告诉他："这是西红柿，红色的西红柿。"还可以让他摸一摸，闻一闻。

3 同样的方法，可以教孩子认识很多蔬菜、水果。

游戏提示：每天可以玩几次，在孩子吃饭之前都可以先来认识食物，增加孩子对食物的认识，还能增加词汇量，培养孩子的语言能力。

小贴士

也可以带孩子去厨房看看。带孩子去厨房看的时候，要先将刀具等收好，不要让孩子够着，以免发生危险。

吃得过多有碍大脑的发育

卡尔·威特经验：

卡尔·威特认为，如果孩子的胃部得不到休息，血液也就只在胃部工作而不是集中在大脑，因此吃得过多，孩子的精力就只用于消化，必然有碍大脑的发育。另外，吃得过多也有害于孩子的健康，容易患上胃肠疾病。吃得过多还会使孩子从小大脑就充满吃能解决一切问题的概念，影响孩子性格的发展。因为对于婴儿来说，最令他难受的除了生病就是饥饿。如果婴儿一饿就给他大量的食物，让他吃得过饱，就会使他认为吃东西、填饱肚子是排除难受之感的唯一途径。在他长大之后，这种“吃”要领会转化为过于依赖物质的概念。

解读经典：

卡尔·威特并不是想要求父母对孩子所需的食物加以限制，而只是想提醒那些疼爱孩子的父母：一切都要有个限度，包括吃东西。贪吃并不是孩子的天性，而是由于父母的无知和纵容造成的。由于父母过于宠爱孩子，无规律、无节制地让孩子进食，不但使孩子的食欲紊乱，容易造成婴儿肥胖，还不利于孩子的大脑发育和性格发展。

孩子生活有规律、可预期，才能茁壮成长，饮食也一样。在给孩子添加辅食后，应逐步建立起一日三餐以及在白天小睡前后吃两三次点心的规律。只要时刻注意饮食营养，保证孩子摄入充足的钙和铁，科学地给孩子补充健康的零食，就能充分保证孩子的健康，培养孩子良好的饮食习惯。

卡尔·威特经典游戏

蔬菜水果塔

适宜年龄：孩子1岁时。

游戏准备：将孩子的小手洗干净，苹果、梨、黄瓜、胡萝卜等切成大小不同的块。

游戏开始啦：

1 将各种水果块放在盘子中，教孩子按照大小不等的块码起来，大块的放在下面，小块的放在上面。

2 还可以按照不同的颜色，交替码起来。比如红色的放在第一层，绿色的放在第二层。

3 如果孩子想吃一块水果，可以让他从中抽出一块来，看看码好的东西会不会倒下来。

游戏提示：孩子从中将学会按照大小或颜色进行分类，构建空间概念等。

小贴士

当孩子已经能够自己学会吃辅食了，就不需要玩这样的游戏了，以免他食用过量。你可以用积木替代继续玩这个游戏。

小熊孩子来吃饭

适宜年龄：4个月时，此时正当加辅食的时候，开始用勺子和小碗吃东西了。

游戏准备：孩子喜欢的娃娃或毛绒熊。

游戏开始啦：

1 将娃娃放在孩子身边，让他们并排而坐，跟孩子说："小熊是孩子的小饭伴，你们一起吃饭。"给孩子和玩具都系上围嘴。

2 妈妈用小勺子假装在小碗里舀一下，喂给小熊，说："小熊真棒，都吃下去了。"再舀一勺喂孩子，孩子也会愉快地吃下去，也夸一下孩子。

3 当孩子长大几个月，可以让孩子自己拿一把勺子，把玩具放在他的怀里，妈妈喂孩子，让孩子喂玩具。

游戏提示：宝宝在和小伙伴一起吃东西时可能会吃得更好，你也可以邀请一起玩的小朋友来家里吃点心。

小贴士

当孩子已经接受辅食了，吃得很好，就不需要玩这样的游戏了，让孩子养成专心吃饭的习惯也很重要。

积极回答孩子的奇思妙想

卡尔·威特经验：

卡尔·威特的一位表兄，在孩子对某些具体的事物提出疑问时，总是说："你问这么多干什么？快去玩你的吧，别来烦我！"这个孩子虽然多次遭到父亲粗暴拒绝，孩子天性中的好奇心理仍然没有被泯灭，还是一次一次地向父亲求助，希望能从父亲那儿得到某些疑问的答案。有一次，孩子问父亲："爸爸，为什么太阳和月亮都是从东边升起而从西边落下去呢？" 父亲回答："问这个干什么？它们本来就是这样的。" 孩子又问："我想它们之所以这样一定有什么原因。" 父亲不耐烦地说："没有什么原因，它们就是那样的。你没事管这么多做什么？" 孩子说："可是，我想弄明白……"或许这位父亲认为孩子太烦人，便大声地向孩子吼道："你怎么这么讨厌？你不用弄明白，我说它们本来就是那样的，这还不够吗？"

卡尔·威特认为就是表兄这种不负责任的做法使那个可怜的孩子一天比一天糟糕，不但变得沉默寡言，对一切都不在意，到后来变得完全不像是一个健康的孩子，甚至心理也变得不健全。

解读经典：

孩子的很多知识和间接经验，都是在与父母机智的一问一答中获得的，他现在喜欢问"是什么"，等到再大一些，开始不断问你"为什么"的时候，孩子的智力思维就将进入更高级的阶段。孩子从2～3岁起就喜欢提出各式各样、千奇百怪的问题。这是值得高兴的事，说明孩子开始对世界进行思考了。此时，要积极回答孩子的奇思妙想，耐心给予说明和解释，而不是随便敷衍，压抑孩子的探索精神。如果在此时不引起重视，他们这种已经萌发的好奇心理就会白白枯死。

0~3岁的孩子的大脑处于快速发育阶段，语言和智力突飞猛进，是孩子智力发展的关键期。提问是孩子获取知识的向导，应充分利用它向孩子传授知识。父母若遇到自己不懂的问题，可以问问别人，也可以经过研究之后再给孩子耐心地解答，而不是敷衍了事或者欺骗他。

卡尔·威特经典游戏

一问一答

适宜年龄：会说话以后。

游戏准备：愉悦的心情。

游戏开始啦：

1 你来发问，孩子回答，主要问一些生活中的常识，例如，问："皮球是圆的吗？"孩子回答："皮球是圆的。"问："冰是热的吗？"孩子回答："冰不是热的，是冷的。"

2 等孩子长大一点后，如果他有不同的意见，可以问他："为什么？"听听孩子的答案，也许他会给你意想不到的惊喜呢。

游戏提示：让孩子对语句做出正确的判断，并迅速用肯定句或否定句回答。当孩子做出否定的回答以后，还可以进一步要求他正确描述事物的性质，帮助他思考。

小贴士

如果孩子回答不上来，也不要强迫，以免引起孩子的反感。

让孩子亲自去体验

卡尔·威特经验：

有一次，小卡尔在书上读到伽利略那个有关“两个铁球同时落地”的故事，便问卡尔·威特：“爸爸，两个不同重量的铁球真的是同时落地吗？这怎么可能呢？明明一个重一个轻，应该重的先落地才对。”听到小卡尔的疑问，卡尔·威特非常高兴。因为他认为，伽利略这个著名的故事或许德国所有正在接受教育的孩子都知道，但很少有人对此提出疑问，而直接接受书上的观点，这是一种懒惰或盲从。为了让小卡尔对“两个铁球”有直观的认识，卡尔·威特没有用语言回答他，而是专门找到了两个 大 小的铁球，并带着他爬上教室的顶楼做这个实验。正是这个真实的体验，让小卡尔觉得物理学科的神奇，更下决心一定要弄清“两个铁球同时落地”的原理。于是，在那一段时间里，小卡尔津津有味地研究起本来很枯燥乏味的物理学。

解读经典：

在小卡尔的幼年时期中，像这样的例子还有许许多多。从某个方面讲，小卡尔的学习热情正是在这种亲身体验、接触实物的过程中一步步培养起来的。

对孩子来说，教育不仅仅是学书本上的东西，而是源于生活。一个只拘泥于书本知识的人，会变得目光短浅，头脑狭隘，缺乏创造力，更甚的是，如果仅仅停留在书本而不直接走入生活当中，那么就连书本上的知识也不可能充分地掌握，而一个书呆子式的人物在这个世界上不可能有任何作为。父母应尽可能地让孩子在生活中学习知识，不轻信书本，多体验，这样才能更好地培养孩子独立思考的能力。

卡尔·威特经典游戏

红色的水果很好吃

适宜年龄：6个月以后，添加辅食后就可以进行。

游戏准备：红色西红柿、草莓及西瓜，洗干净。

游戏开始啦：

1 拿着草莓、西红柿、西瓜告诉他这是红色的，然后告诉他红色的东西很好吃。

2 你可以将一小块西瓜放进自己的嘴里，并表现出很好吃的样子，然后将草莓泥、西瓜汁等红色的食物让孩子吃吃看。

游戏提示：训练孩子的感觉能力和辨识能力，教孩子认识不喜欢的食物的颜色，让孩子潜意识地喜欢上这种食物。

小贴士

在告诉孩子某种道理的时候，如果不涉及安全性，完全可以放手让他去体验。

给孩子恰当的反应时间

卡尔·威特经验：

卡尔·威特在小卡尔五六个月时，就发现他也是有情绪的。情绪好时，小卡尔浑身是劲，那些翻来滚去的游戏玩起来也很过瘾。他似乎从中感到了自己的力量，并且慢慢地学会控制自己力量的能力。情绪不好时，小卡尔会感到浑身没劲，如果此时再叫他玩这种游戏，他会觉得不舒服，认为自己无能。因此，卡尔·威特认为，父母和孩子玩的时候，一定要仔细去观察他，尽量去了解他的内心世界，并给孩子一个适应和反应的时间。

解读经典：

父母陪孩子玩的时候，要根据孩子的反应速度来进行，否则，孩子会心有余而力不足。父母必须顺应他的反应，要有耐心，否则就成了父母的独角戏。孩子的适应能力、反应速度比父母所想象的要慢得多，特别是在做游戏的时候。比如你递给孩子一个好玩的东西，他需要一个较长的过程才会伸出手来接。这时，父母应该耐心等，直到孩子伸手来接，而不是把东西直接放在他的手里。给孩子鼓励，亲吻孩子的时候，不要亲他一下便马上转身离开，应该给他足够的反应时间，也许他就会给你一个微笑。又如对几个月的孩子说话，如果父母不停地讲，或只停一下又继续自己的长篇大论，他是完全弄不懂的。要跟孩子玩，就应该给他足够的时间。

卡尔·威特经典游戏

拍打小玩具

适宜年龄：2个月以上。

游戏准备：在婴儿床上挂一些彩色的东西，如七音钟、毛线球等。

游戏开始啦：

1 将挂着彩色物品的绳子拴在孩子的下巴上方，高度在孩子努力抬手臂可以够到的程度。

2 你可以先动手拍打孩子的这些玩具，跟孩子说："宝宝，你看这些玩具好看吗？"说完后，用手一拍，让这些玩具晃动起来。

3 观察孩子的反应，然后引导孩子努力去够，当他尝试后要及时用愉快的语气表扬他："宝宝拍到小球了，努力没有白费，真了不起。"

游戏提示：可以锻炼孩子动作的准确性，增强手眼协调性。

小贴士

悬挂玩具一定要注意拴结实，不能让孩子拽下来，以免造成不必要的风险。

批评孩子之前先弄清楚真相

卡尔·威特经验：

有一次，卡尔·威特发现小卡尔捧着书本保持一个姿势很久，表面上看起来他在学习，实际上他很久都没有翻动一页，只是坐在那里出神。卡尔·威特没有马上批评他，而是等小卡尔到了休息的时间对他说："无论做什么事都要专心致志，只有集中精力才会有很好的效果。可今天为什么走神了呢？儿子，告诉我，是你忽然对学习不感兴趣了吗？" 小卡尔看着卡尔·威特小声地说："我仍然觉得学习很有趣，只是……只是……"小卡尔支吾半天，在卡尔·威特的鼓励下，终于说："只是我今天突然想到，我学到那么多的东西到底有什么用呢？学习木匠活可以做家具和建造房屋，学铁匠活儿可以制造炊具和农具，但我学了那么多的语言和诗歌能做什么呢？仅仅是为了好玩儿吗？"

面对小卡尔的问题，让卡尔·威特感觉很开心，因为小卡尔已经开始思考更深的问题了。他耐心地向小卡尔解释，解开了他的疑问。

解读经典：

假如卡尔·威特看到小卡尔走神的样子，不是耐心去询问，而是马上大发雷霆批评他会怎样呢？恐怕不但会让孩子的求知欲大打折扣，还会给小卡尔内心留下极恶劣的印象。他会认为，学习是一件可怕的事，学习的目的就是为了讨好父亲，这也会破坏父子间和谐的关系吧。因此，父母在批评孩子之前先弄清楚真相，耐心听孩子的解释，这不仅是一个教育孩子的良机，呵护了孩子的求知欲，也维护了孩子的自尊心。孩子的求知欲和拥有在学习中体会到的幸福感就是小卡尔学有所为的关键之处。所以，父母不能对孩子的行为只是片面理解而不去思考，面对孩子的疑问时，应当耐心给予帮助和解答。

你的、我的、他的

适宜年龄：1~2岁的孩子就可以玩这个游戏了。

游戏准备：邀请几个小伙伴一起玩，每个人都带着自己的玩具。

游戏开始啦：

1 妈妈鼓动小朋友们把玩具都拿出来放在一起，然后让小朋友们说出哪个是我的，哪个是你的，哪个是他的，然后让他们各自拿回自己的玩具。

2 妈妈问其中一个孩子自己能不能玩玩他的玩具，如果孩子同意了，妈妈要说谢谢，孩子不同意，妈妈可以提出用自己的东西交换、许诺给什么报答等，给其他孩子做个沟通的榜样。平时，你也可以多和孩子沟通，让他把东西借给你玩。

3 问问孩子他们想玩谁的玩具，鼓励他去跟小朋友沟通，取得同意后方可玩耍，避免孩子抢别人玩具。

4 如果孩子抢别人玩具，妈妈要郑重其事地告诉他那是别人的玩具，其他人没有权利玩，除非是人家答应了，而不是一味地批评孩子的不对。

游戏提示：在进行集体活动时，孩子难免会争抢玩具，此时耐心问问他的看法，并与他沟通，寻求最合适的解决办法，否则不利于孩子保护自己的东西。

小贴士

很多孩子看中了自己喜欢的东西都会要求妈妈去帮他拿，妈妈要明确告诉他那是别人的东西，妈妈没权利拿，要他自己问主人是否同意，学会用沟通解决问题。

从小就严格要求孩子

卡尔·威特经验：

在小卡尔6岁时，卡尔·威特带他去朋友家做客。在吃早点时，小卡尔洒了一点牛奶。按在卡尔·威特家里的规矩，洒了东西就要受到惩罚，只能吃面包喝水。小卡尔在洒掉牛奶后先是脸稍红了一下，迟疑了一会儿，但终于还是不喝牛奶了。卡尔·威特的朋友很惊讶，就劝说小卡尔说："没关系，喝吧，喝吧。" 小卡尔本来就喜欢喝牛奶，再加上朋友为了他的到来，还给他特意调制了一种牛奶，这对小卡尔的诱惑不小，但他还是坚持不喝。朋友责怪卡尔·威特的教育过于严格，卡尔·威特解释道："不，小卡尔并不是因为惧怕我才不喝的，而是因为他从内心里认识到这是约束自己的纪律所以才忍住不喝的。"并走开让朋友再次尝试说服小卡尔，但小卡尔认为不能欺骗爸爸，最后还是坚持没喝。最后还是卡尔·威特对小卡尔说："卡尔，你对自己良心的惩罚已经够了。因为马上要去散步，为了不辜负大家的心意，把牛奶和点心吃了，然后我们出发。" 小卡尔才高兴地把牛奶喝了。小卡尔仅仅6岁就有这样的自制能力，让朋友一家都深深赞叹。

这是卡尔·威特从小严格要求小卡尔的结果。卡尔·威特从来不相信"小时候可以放宽一些，稍长大后再严格一些"的理论，他从小卡尔一岁时起，就严格要求他，这样从很小就养成了习惯，小卡尔就形成了一种自觉，坚持原则时也就不会感到有任何痛苦。如果等坏习惯形成后再要求改变，不但效果细微，对孩子来说也是一种压力。

解读经典：

从小严格要求孩子的好处是，让一切好的、美的、崇高的东西在孩子身上都成为一种本性，一种自觉。在孩子幼小之时，成年人对他们的影响是很深的，如果这时候对他们放宽的话，那种烙印会在他们心中很深很深，稍大后再严格要求，恐怕已经来不及了。

作为父母，从孩子小时候起就有责任和义务教孩子知道什么应该做，什么不应该做，让好的习惯从小就养成。然后让对孩子的严格在不自觉中变成他对自己的严格要求。

卡尔·威特经典游戏

空中蹬自行车

适宜年龄：2个月以上，自己会踢腿后就可以玩这个游戏。

游戏准备：不需要任何准备。

游戏开始啦：

1 将孩子平放在床上，抓着孩子的脚腕，跟孩子说："宝宝，蹬一会儿自行车吧。"然后将孩子的双脚腕稍稍抬高并做向前送和向后退的动作，就像蹬自行车一样，注意动作要轻柔，随时观察孩子的反应。

2 蹬一会儿自行车后，你可以换个花样，跟孩子说："再跳一会儿康康舞吧。"接着用一只手将他的一只膝盖抬高，另一只手将腿拉直做大踢腿，做完一边换另一边。

3 接下来做手臂的练习，跟孩子说："手臂要把好车把啊。"握着孩子的两手手腕向胸前伸出，妈妈双手震动带动孩子的手臂震动一会儿，然后说："转弯了。"向左边倾斜，再向右边倾斜，做出拐弯的样子。

4 游戏时间不要过长，10分钟即可，最后给孩子揉揉肌肉和关节，做一下放松。

游戏提示：培养孩子的大动作能力和协调能力，也为孩子将来学走路做准备。

小贴士

让孩子做蹬自行车的锻炼时，要切记抓住孩子的脚腕，不能只抓着脚掌，以免伤到孩子的脚腕关节。

对孩子的严格应讲明道理

卡尔·威特经验：

卡尔·威特是一个比较温和的人，但在对小卡尔的教育问题上，他一直非常严格，从不纵容。不过，卡尔·威特的严格绝不是强迫孩子盲从，因为他认为，一个只会盲从的人永远是无能的懦夫，卡尔·威特对儿子的严格完全取决于道理。

有一次，小卡尔在扮演骑士时无意中弄坏了邻居的花，在他发现没人准备转身“逃跑”的时候，卡尔·威特叫住了他：“你知道你犯了个错误吗？” “知道。”儿子小声地回答，并辩解道：“可是，我并不是有意的。”卡尔·威特耐心地跟小卡尔讲道理：“你要记住，人们犯下错误，在很多情况下都不是有意的。但错误已经犯下，你就要为自己的行为负责。虽然邻居没有看见是你干的，但他们确实受到了伤害。你应该去道歉，人不能伤害了别人就逃之夭夭。你不是在扮演古代的骑士吗？骑士是勇敢的人……” “爸爸，我明白了。”小卡尔像一个真正的骑士那样敲开了邻居的房门。

对于小卡尔的错误，卡尔·威特并没有直接责骂，而是用小卡尔崇拜的骑士来激励他，使他感觉到道歉并不是什么难为情的事，也让他懂得不论有意还是无意之间犯下的错误都应该由自己负责，引导他勇于承认错误。

解读经典：

在孩子的教育问题上，严格和专制是很难区分的，一味地专制或苛刻的要求必然会对孩子造成伤害。如果注重讲道理，以理服人，无论什么样的条件孩子都会乐于接受。很多的父母把对孩子的严格教育理解为专制，不知不觉中把自己变成暴君而把孩子变成唯命是从的懦夫。他们以为孩子不听话就应该以粗暴的方式对待他们，这种做法的后果不但不能让孩子正确地认识自己，反而使孩子对父母甚至对所有人产生怨恨，不利于孩子健康心理状态的形成。

卡尔·威特经典游戏

给垃圾找个家

适宜年龄：2岁的孩子可以与他一起玩这个游戏了。

游戏准备：不需要。

游戏开始啦：

1 带孩子外出时，让孩子注意看路边的垃圾箱，让他坚持把垃圾扔进垃圾桶里。妈妈可以跟他讲道理说："叔叔阿姨打扫卫生非常辛苦，我们不能乱扔垃圾。"告诉孩子这是垃圾的家，以后有了垃圾就要扔到这样的箱子里去。

2 在外面的时候，如果孩子手上有了垃圾，妈妈不要拿过来自己拿着，而是引导他自己负责，直到找到垃圾箱再扔进去。

3 有时候孩子会不小心掉落垃圾或者扔到了垃圾箱的外头，要鼓励他捡起来再扔到垃圾箱里，扔完给孩子再次擦手就可以了。

游戏提示：让孩子了解社会上的一些规则，并给他解释这些规则制定的理由，可以让孩子更加理解规则，也会让他更乐于遵守。

小贴士

父母需要以身作则，不要乱扔垃圾，在严格要求孩子的同时要求自己，养成讲卫生的好习惯。

绝不过多表扬孩子

卡尔·威特经验：

有一次，克洛尔先生想考考小卡尔，在考前，卡尔·威特特别要求：“不管考得怎样，绝不要表扬我儿子。”克洛尔先生答应了，并提出主要想考考他擅长的数学。卡尔·威特回答说：“只要不表扬小卡尔，考什么都没有关系。”

较量开始了，由于小卡尔也擅长数学，在解答每一道题时都能用两三种方法去完成，也能按照克洛尔先生的要求去解题，所以越考越使克洛尔先生感到惊异。克洛尔先生忍不住开始赞扬他了。卡尔·威特赶紧给他递眼色，他这才住了口。

后来考到克洛尔先生难以驾驭的程度，小卡尔还是游刃有余，克洛尔先生不由自主地叫了起来：“哎呀，他已经超过我了！”卡尔·威特赶紧给现场泼冷水：“哪里，哪里，由于这半年他在学校里听数学课，所以还记得。”后来克洛尔先生又出了一道更难的题：“如果你能做出来，那就更了不起了。”没想到小卡尔真的做出来了。虽然克洛尔先生激动不已，但也明白了卡尔·威特的教育原理，他附耳小声地对卡尔·威特说：“哎呀！我真佩服你的教育方法。这样的教育，不管你儿子有多大的学问绝不会骄傲。”

解读经典：

卡尔·威特不让克洛尔先生表扬小卡尔是因为怕小卡尔因此骄傲自满，目空一切，也让小卡尔不要活在别人的赞扬里，甚至为了别人的赞扬而去活。卡尔·威特一直教育小卡尔：“人们的赞赏是反复无常的，既容易得到也容易失去，所以不要把人们的赞扬放在心上。”卡尔·威特告诉小卡尔：“喜欢听人表扬的人必然得忍受别人的中伤，仅仅因为别人的评价而或喜或忧的人是最蠢的。被人中伤而悲观的人固然愚蠢，稍受表扬就忘乎所以的人更是愚蠢。因此，一个优秀的人应该把自己的优势发展下去，而不是单纯为了获取表扬。”表扬是鼓励一个孩子进步的动力，但对于一个本身就很优秀的孩子，表扬的目的在于使他获得更有利的支持，把自己的优势发挥下去，而不是让他为了表扬而去学习或者生活，失去真正的自我。

卡尔·威特经典游戏

宝宝肯定能干好

适宜年龄：孩子2岁左右就可以玩了。

游戏准备：不需要。

游戏开始啦：

1 孩子有时候对妈妈的指令听而不闻了，一句“宝宝肯定会干好”就能成功让孩子听命令。比如孩子把玩具撒了一地而不肯听从指令收拾的时候，妈妈就说：“宝宝肯定会收拾的，看，宝宝马上就要收拾了。”可能用不着再说第二遍，孩子就已经开始收拾了。

2 在孩子做不到某事的时候，比如穿不上鞋的时候，妈妈说：“慢慢来，重新再来一遍。宝宝肯定能穿好的。”孩子就会安静下来继续穿了。

3 当孩子在听了“宝宝肯定能干好”这样的话，完成了一件事后，妈妈不要忘了表扬孩子：“宝宝真的干好了XX，妈妈就说你肯定能干好这件事的。以后还能干好，对不对？”表扬时说清楚具体事项，可以加深对这件事的好的印象。

游戏提示：不同于泛泛的表扬，这种表扬鼓励的方式具体到每件事情上，对孩子有很好的正面鼓励作用，能让孩子克服困难，主动去完成他应该做的事，培养他的自理能力。

小贴士

妈妈的鼓励给了孩子足够的动力去完成一件事，但有时候能力所限的确完成不了的时候，妈妈一定要给予指导，否则孩子会产生严重的挫败感。

粗暴体罚孩子不可取

卡尔·威特经验：

卡尔·威特有一次遇到一个小孩子正在虐待一只小狗。卡尔·威特走过去制止他："孩子，你为什么这么打狗？你不觉得它很可怜吗？"他回答："因为我父亲就时常这样打我。我都不被人觉得可怜，那么小狗也不应该可怜。"

还有一次，卡尔·威特在傍晚穿过贫民窟时，到处听见母亲斥责孩子、父亲打孩子以及孩子大哭的声音，简直是一句好话都听不见。这是由于他们工作一天，疲劳过度，心情不佳，把怨气都发泄到孩子身上的表现。然而，还有另一种父母，他们饱食终日，无所事事，还不时地斥责孩子，把由于无聊而产生的气恼都倾倒在孩子身上。卡尔·威特对此感到非常痛心。

卡尔·威特从来没有打过小卡尔，他认为那是一种粗暴的行为，不但使父母和孩子之间产生隔阂，还让父母失掉了威信，对孩子的教育也就彻底失败了。

解读经典：

有的父母一生气，就毫无顾忌地打孩子，或者经常絮絮叨叨地数落孩子的过失，这只会伤害孩子的自尊心，造成严重的后果。有的父母打骂孩子，认为这样就不会惯坏孩子，但结果往往是让孩子变得顽固、冷酷、残忍。孩子的教育也包括父母的教育。作为父母，在管教孩子之前，必须首先学会管好自己。父母要让孩子成为有教养的人，那么自己首先就应该懂得内省自约。否则，任何教育都无济于事。因此，在教育中，对于孩子既不可娇生惯养，也不应过分斥责，更不能粗暴体罚孩子，只有采用合理、有效的教育方法去引导孩子，才能培养出孩子的善行以及以后做人的能力。

卡尔·威特经典游戏

忽明忽灭

适宜年龄：3个月以上。

游戏准备：家里的小台灯即可。

游戏开始啦：

1 将孩子抱到台灯前，告诉他："灯，这是灯。"让他摸一摸，全面观察一下台灯。

2 将台灯开关打开，灯亮起来，跟孩子说："看，灯亮了。"反复开关几次，看他会不会注意到你手的动作。

3 转动旋钮，让灯光慢慢由强变弱，又由弱变强，同时给孩子解释："看，灯越来越亮了。""现在又越来越暗了。"

4 握着孩子的手去按开关、扭旋钮，孩子玩这个游戏就会更投入。

游戏提示：简单的游戏反复玩，可以让孩子发现更多的细节，注意力也更加集中。在灯的忽明忽灭中，孩子会隐约感到开关与灯光的关系。

小贴士

用可以变色的彩色灯泡来玩这个游戏，孩子的注意力会更加集中。

用阅读和劳动调整坏毛病

卡尔·威特经验：

卡尔·威特有一个朋友，因为自己的孩子顽劣成性经常去糟蹋花园中的花草而伤透脑筋，前来向卡尔·威特寻求解决的办法。卡尔·威特告诉他："你最好给儿子买锄头和铁锹，让他自己种花。"朋友照办了，没想到，孩子自从开始种花后，就改变了观念。他不仅种花种草，还非常爱惜它们，人们再也看不到他顽劣的身影，而是经常看见他在花园中照顾那些小花、小草。他对待别人的花园也非常爱惜，从来不去破坏它们。

这是因为种花让这个孩子释放了过剩的精力，而自己种花的过程让他了解到一切来之不易，不能轻易破坏。卡尔·威特一直都认为，孩子的很多毛病都可以用阅读和劳动帮助他们改正。书本中的知识和道理能让他们得到良好的指导，而劳动可以让他感到一切都来之不易。孩子只要具备了知识和劳动的习惯，那么就会向良好的方面发展，进而成为有教养的人。

解读经典：

让孩子听话，并不是责骂或者体罚，而是适当的引导。幼儿时期的孩子有着强烈的好奇心和想象力，他会把椅子放倒当楼梯爬，将妈妈的昂贵大衣当披风，想看看他喜爱的玩偶肚子里是什么东西……这些不符合父母原则但是很有创造力的行为，只要在安全的范围内，父母不要过于干涉，更不要训斥孩子，要有耐心地引导孩子阅读，去学习他想知道的那些知识。而适当的劳动对孩子来说也是必需的。苏霍姆林斯基曾经说过："体力劳动对于小孩子来说，不仅是获得一定的技能和技巧，也不仅是进行道德教育，而且还是一个广阔无垠的惊人的丰富的思想世界。"提供接近和适当参与劳动的机会，不但让孩子体会生活，也是培养和训练孩子自制力的有效途径。

卡尔·威特经典游戏

和孩子一起读绘本

适宜年龄：3个月以上。

游戏准备：适宜孩子各阶段读的绘本。

游戏开始啦：

1 将孩子抱在胸前，引着孩子说出他在图片上看到的东西："这是一条小狗，跟奶奶家养的小狗一样。"或者"那是这个孩子的鼻子。你的鼻子在哪儿啊？"你还可以一边问孩子，一边让他指出图画上的东西，比如："月亮在哪儿？"或"你能告诉我绿色的球在哪儿吗？"

2 孩子可能会喜欢自己翻书，如果还没读完一句话，他就翻页了，你也别着急。重要的是读书让他感到快乐，即使你只读了故事的片语只言也没关系。

游戏提示：培养孩子的语言能力和注意力，也是帮助孩子以后爱上阅读的最好方法。

小贴士

你可以在墙角的地板上放几个松软的大坐垫和靠垫，创造一个属于你和孩子的温馨阅读空间。

不要将意志强加给孩子

卡尔·威特经验：

小卡尔在早期教育中学到了大量的知识，也有许多非常有意义的爱好。但这些都是他主动要求学的，并且对每一件事都充满强烈的兴趣，并在学习之中找到了乐趣，这也是卡尔·威特期待看到的效果。卡尔·威特认为，某些父母由于自己喜爱艺术就逼着孩子去学习绘画、音乐，根本不顾孩子的感受，也不会用有效而正确的方法引导孩子，这样的做法只能令孩子反感，还有可能反将孩子本身就具有的爱好抹杀掉，是在折磨孩子，甚至会让他厌恶学习，对孩子的健康成长极为不利。

解读经典：

对于幼儿来说，所有的兴趣都是玩的一种，孩子喜欢舞蹈，就让他学芭蕾；喜欢音乐，可以让孩子学习乐器，只要是孩子喜欢的，对他的身心健康没有什么损害的，父母都可以放手让孩子去做。但孩子不是实现父母理想的工具，你不能强迫孩子去学习父母感兴趣的某个特长。而且孩子花太多的时间去学习特长，会影响他其他方面的活动，如跑、跳、去玩沙、去玩水等。父母寄予孩子的厚望也会让他感觉到压力，孩子可能会中途感到厌倦而要放弃。因此，父母要正确对待特长班，上不上特长班，看孩子；上什么样的特长班，看孩子；上多长时间，看孩子。特长班并不是父母的选择，而是孩子自己选择的结果。

卡尔·威特经典游戏

孩子的天地

适宜年龄：孩子2岁就可以玩了。

游戏准备：1个结实的、足够大的纸箱子。

游戏开始啦：

1 在箱子侧面挖个口子作为门，可以让孩子爬进爬出，在另外某两个侧面挖个窗户，让孩子可以从里面观察到外面。

2 把做好的箱子放在房间的一角，不需要说什么，一般的孩子就会不请自来地钻进去玩耍，但有的孩子则比较迟疑，你就要多鼓励他，让他进去体会一下独立的感觉。

3 告诉孩子这个箱子就是他的世界，他想这么布置都行，想在里面待多久都行。然后启发孩子把他喜欢的、需要的东西比如毛毯、玩具、书本等带进去，让孩子感觉这里就像是他一个人的家。

4 孩子在箱子里玩的时间可能很长，要让孩子出来干其他的事，你可以敲敲纸箱上的门："宝宝在家吗？请你出来吃午饭吧。"

游戏提示：在做每个游戏中，妈妈均要适当引导，而不是将自己去意识强加给孩子。你在给孩子准备条件后，他可能会玩出你意想不到的创意来，这对提高孩子的创造力也非常有利。

小贴士

箱子有可能会翻倒，不要让孩子在无人照看的情况下独自待在箱子里。

保持家庭教育的一贯性

卡尔·威特经验：

在一次散步中，卡尔·威特发现了一件令人深思的事情：在散步的过程中，邻居史密斯太太发现女儿的裙子被弄脏了，她立刻生起气来，开始冲着女儿大声责骂。看见女儿大哭以后，她又马上给了女儿一小块点心。这时，小女孩已经被弄得糊里糊涂，她不知道为什么母亲会责骂她，更不知道挨了骂后她为什么又得到了点心。卡尔·威特问史密斯太太："您为什么责骂女儿呢？""她总是这样经常弄脏自己的裙子。"史太太这样回答。"可您为什么又给她一块点心呢？是为了表扬她的行为呢，还是为了给她受责骂的补偿？"史密斯太太哑口无言，她不知道应该怎样回答卡尔·威特。

解读经典：

这位母亲的做法，可能会让女儿弄不清是非，这对孩子的成长是相当有害的。孩子的教育需要长期的、持之以恒的培养和训练。对待孩子，父母要是非分明，始终如一，行就是行，不行就是不行。一切都要认真，才能对孩子产生良好的影响。不允许的事，一开始就不允许，这样对孩子就没有什么痛苦，高高兴兴按照规则办事。如果有时答应，有时不答应，反而会给孩子带来痛苦。

要教育好孩子，父母必须对事物的好坏有一个始终如一的定见，无定见是教育孩子的最大禁忌。如果父母出尔反尔，反复无常，久而久之，就在孩子的心灵上很早就打下父母的"禁律"是可以打破的烙印。父母对自己的言行都那么草率，那么不认真，也就无法教育孩子认真了。

卡尔·威特经典游戏

红灯停，绿灯行

适宜年龄：孩子2岁半左右就可以玩了。

游戏准备：红色、绿色的颜色牌、小汽车。

游戏开始啦：

1 先问问孩子，“十字路口的红绿灯是用来干什么的？”并教宝宝念儿歌：“交叉路口红绿灯，指挥交通显神通；绿灯亮了放心走，红灯亮了别抢行；黄灯亮了要注意，人人遵守红绿灯。”

2 妈妈拿红色、绿色的颜色牌，给孩子一辆小车，让他看见绿灯就开小车，看见红灯就把小车停下来。也可以让孩子拿颜色牌，你来开小车，这样容易让他理解交通规则。

3 抱着孩子过马路时，坚持走斑马线，等待红灯，并跟孩子说明：“现在是红灯，不能走，危险。”妈妈也要要求其他看护人坚持遵守交通规则的原则，保持教育的一贯性。

游戏提示：让宝宝看色彩信号做动作，培养宝宝的交通安全意识。每个看护人都这样做，才能让孩子更加坚定的认为什么是正确的，什么是错误的，也有利于培养他的判断力。

小贴士

带着宝宝外出的时候，随时都可以考考他应该怎么走，让这些交通规则深入他的脑海，对宝宝来说是很好的保护。

保持家庭教育的一致性

卡尔·威特经验：

卡尔·威特的妻子非常通情达理。在教育小卡尔的过程中，卡尔·威特的妻子难免有维护小卡尔的现象，卡尔·威特没有马上反驳或者是责备她，而是事后仔细向她讲明了道理，告诉她疼爱孩子并非是一味地呵护他，一味地顺从他，而是应该以谨慎的态度来对待孩子的培养和教育。卡尔·威特的妻子能很快明白其中的道理，并不再像以前那样过分地顺从孩子。此外，卡尔·威特还让家庭中的其他成员也保持一致的教育方法。这样，在家庭教育方式一致的情况下，对小卡尔的教育取到了事半功倍的效果。

解读经典：

在有的家庭，经常会发生这样一种现象：孩子做错事，爸爸批评，妈妈责备，爷爷打圆场，奶奶撑腰，导致孩子非常迷惑，久而久之，就会使孩子是非不分，正误不分，导致教育流于形式。孩子尚未形成辨别意识，并不能把握什么是应该做的，什么是不应该做的，父母有义务帮助他了解世界，遵守应该遵守的规条。在教育孩子时，父母需要掌握原则，在执行限制时，父母双方共同努力，密切配合，并要求家里的其他成员一起，对孩子的要求和态度一致，促进孩子健康发展。

卡尔·威特经典游戏

约法三章

适宜年龄：孩子2岁时。

游戏准备：不需要。

游戏开始啦：

1 在带孩子去逛超市时，可以先和他约法三章，说好这一天他只可以买什么，没说好的绝对不能要，否则马上送他回来，并且1个星期之内绝不允许他吃任何零食。

2 到商场里后，先给孩子买已经约定好要买的东西，然后让孩子帮妈妈选购。如果孩子表现得很好，妈妈要夸他遵守约定，并且允许他选择一样妈妈指定范围里的东西作为奖励。

3 如果孩子要买玩具，妈妈就提醒他出门前的约定，并且重申不遵守约定需要承担的责任，如果孩子仍然耍赖，就当机立断带孩子离开超市，把他送回家，然后自己再来购买，并且在接下来的1个星期内真的不让孩子吃到任何零食。

游戏提示：在坚守一些规则时，要前后保持一致，不能在跟孩子约好后又心软，给他买零食等，这不但不利于你的教育，还不利于孩子诚信观的建立。

小贴士

孩子在公共场合哭闹，妈妈会觉得没面子，但即使这样也不能满足他，否则下次他还会故技重施。

健康而快乐的学习生活

卡尔·威特经验：

也可能有人会认为，小卡尔受到那样的教育一定是光坐在书桌旁啃书，从而使天真活泼的少年时代在毫无乐趣之中度过。其实不是这样的，诗人海涅在写给威兰的信中写道，在小卡尔10岁时，他考过小卡尔。当时他不仅为小卡尔的非凡语言学才华而诧异，同时也为他的健康、天真的活泼、肉体上和精神上的过人之处而惊讶。

由于小卡尔从小就通晓事理，知道很多其他儿童所不知道的事，而且对每件事都有成熟的看法，所以孩子们和他一起玩时都感到愉快。他的知识是其他儿童所望尘莫及的，但他却一点也不骄傲，也决不嫌弃和看不起其他孩子。

小卡尔在大学里的学习生活也是轻松愉快的。他可以尽情地游玩和参加运动，并常常去采集动植物标本。他会画画、能弹琴，也会跳舞。

卡尔·威特认为，小卡尔具有作为人和作为学者的完美人格。同时，他也为自己能够成功地教育儿子而感到骄傲。

解读经典：

卡尔·威特对小卡尔的合理教育，使他单纯坐在桌旁专心致志地学习的时间是很少的，他有着充足的时间尽情游戏和运动，并在游戏中进行各种教育。而对于现代教育而言，也正是如此：最好的亲子教育，莫过于和宝宝一起玩丰富多彩的亲子游戏了。这本书也是本着这样的理由，安排适合于孩子每个阶段的亲子教育，有益智的，也有培养运动与情商能力的。宝宝不仅能从中获得快乐，而且也能让自己的各项技能得到提升。值得注意的是，每个孩子的发育节奏都各有不同，如果你的宝宝现在还不能按照本书的指导年龄玩这些游戏，别担心，过几周再尝试好了。

卡尔·威特经典游戏

请你喝茶

适宜年龄：2岁的孩子可以带着他玩这个游戏了。

游戏准备：塑料茶具，一个塑料瓶，水适量，如在户外再带个野餐垫。

游戏开始啦：

1 在塑料瓶中装满水，在茶几上放上塑料茶具，假装你是来“喝茶”的。

2 先与孩子打招呼：“你好呀，老板，今天天气不错，我过来喝茶。”然后教他怎样给你让座，如何欢迎你。

3 鼓励孩子把茶壶装满，给你倒茶。在这个过程中，适当的引导也是必不可少的：“老板这是放的什么茶叶？哎呀要溢出来了，好烫！先给我一杯茶……”

4 你也可以真的用茶水和塑料制作的真正的茶具来代替，让孩子更有成就感，喝完茶，给孩子一些钱，并称赞茶和老板的热情，让他享受劳动的快乐。

游戏提示：这个游戏可以培养孩子的协调能力，了解服务员的活动方式，并帮助他了解一些水的特性，如水总是向下流而不会向上跑等，在游戏中快乐地学习。

小贴士

父母在游戏过程中，注意郑重地和孩子对答，让这个游戏变得更加有趣。

Part 3

营造良好的成长环境

Yingzao Lianghao De Chengzhang Huanjing

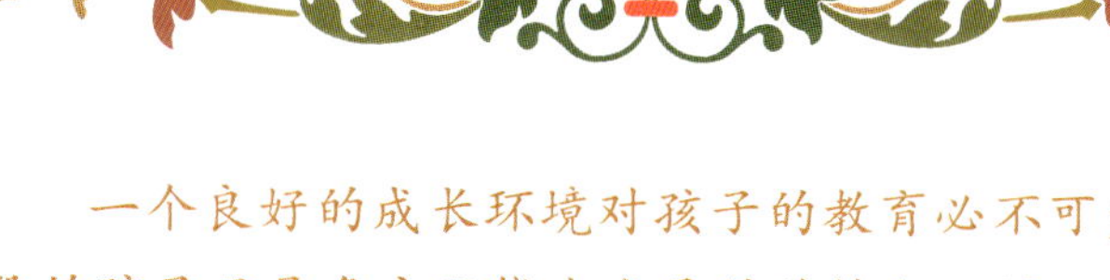

一个良好的成长环境对孩子的教育必不可少。此阶段的孩子正是多方面能力发展的关键期，父母要给孩子继续创造安全快乐的游戏空间，提供一个愉悦的教育环境，并按照孩子本身的特点、潜能加以引导，进而帮助他健康成长。

让孩子保持健康的身体

卡尔·威特经验：

有句谚语说“健全的精神寓于健全的身体”，这是有根据的，只有身体健康了，才能更好地发挥才能。卡尔·威特认为，愉快是健康的关键，他认为周围的气氛阴郁，孩子必然会消化不良、身体不健康。因此，他首先把小卡尔周围的环境布置好，天气晴朗时，把小卡尔带到田野里，让他眺望绿色的原野，时刻注意让小卡尔的身体能自由自在地活动。此外，卡尔·威特还培养孩子喜欢洗澡的天性，每天都给小卡尔洗澡、按摩手脚，这样既能发展他的触觉，又能促进血液循环和肢体的灵活。在卡尔·威特的精心培育下，小卡尔从一个身体孱弱的婴儿变成了健康的孩子。

解读经典：

孩子能否在愉快的环境下自由自在活动对他的健康非常重要。因此，孩子居住的房间从最初起就应是令人心情愉悦的。父母可以布置一个专门的儿童房或者是孩子的活动空间，给孩子提供一个独立的小天地，让孩子能够在自己的小天地里自由学习、玩乐和睡觉。

自由对孩子的健康起决定作用。有的家长为了孩子的安全，不允许孩子爬高爬低，蹿上跳下。其实，这些都是孩子的运动，只要环境安全，大可放手让孩子自己去折腾。在这样愉悦的环境中锻炼，可以让孩子打下良好的健康基础。

卡尔·威特经典游戏

拉起坐下躺下

适宜年龄：4个月以上。

游戏准备：不需要任何准备。

游戏开始啦：

1 让孩子平躺在床上，把两手食指塞到孩子的手掌中，让孩子紧紧握住。

2 妈妈嘴里喊着："起。"然后尝试着用力向上提拉，把孩子拉成坐位，看他是否能抓着你的手稳稳坐着，坐几秒钟后妈妈把孩子推倒到仰卧的位置上，再次用同样的动作把他拉起来，只是这一次只要妈妈稍微给点力，孩子自己就会主动出力拉着你的手坐起来了。

3 随着孩子的长大，你可以在拉着孩子坐好后，再稍微用点力，拉着孩子站起来，并在你的扶持下站一会儿。

游戏提示：可同步锻炼手臂、腰背和腿部力量，为孩子学坐和站打好基础，锻炼好健康的身体。

小贴士

拉坐、拉站的时候，一定要让孩子主动握着你的手，让孩子出更多的力，这样可以有效避免损伤，而且锻炼效果更好。

营造良好的用餐环境

卡尔·威特经验：

卡尔·威特认为，吃东西是人生的一大快乐，一个良好的用餐环境是孩子愉快进食的基础。卡尔·威特家的餐桌永远是愉快的，虽然吃饭时过于活跃会带来一些麻烦，比如打翻盘子什么的，但他认为即使让餐桌一塌糊涂也比把用餐变成像死寂沉沉的坟墓要好得多。

在小卡尔稍微大点后，在吃饭时，卡尔·威特从来不以世俗的所谓的“规矩”来约束小卡尔，而是和他一边吃饭一边聊天，讨论饭菜的味道，或谈论一些当天的见闻，让小卡尔觉得吃东西是一件重要和愉快的事情，这样不但能增进吃饭人的食欲，还能让小卡尔体会到尊重感。

解读经典：

让孩子愉快进食有助于孩子身心的各方面发展。在餐桌上不要批评孩子，当孩子不愿意吃某类食物时，不要强迫他，而要耐心鼓励，通过改变食物口味、搭配，来吸引孩子提高他的进食乐趣，保持愉快的进餐心情。有的家庭喜欢在饭桌上把孩子的缺点全部翻出来，对他进行各式各样的批评。孩子不仅不能得到吃饭的乐趣，还伤害了他的食欲，影响孩子的消化功能，形成食欲不振，更加重要的是让他自己觉得自己一无是处，产生强烈的自卑感。所以，一定要将管教和食物分开，给孩子营造一种和谐的进食气氛和环境，让孩子愉快进餐。

卡尔·威特经典游戏

小点心“藏猫猫”

适宜年龄：6个月以上。

游戏准备：可以用手抓着吃的食物，一条干净的毛巾。

游戏开始啦：

1 给孩子看一块水果或小点心（只要不太湿或黏糊的东西就行），然后用小毛巾或餐巾把它们盖起来。

2 引导孩子自己掀起毛巾或餐巾，让他自己去发现他的点心还在那儿，虽然他刚刚还看不见它们，当发现后他肯定非常开心。

游戏提示：对于6个月的孩子来说，各种“藏猫猫”游戏都是很有趣的，这个游戏有利于培养孩子精细动作，帮助他理解物体恒存性。

小贴士

玩游戏时让孩子参与进来，放开手让孩子多体验，接触多变的环境。

勺子着陆

适宜年龄：4个月添加辅食后开始。

游戏准备：一把质地较软的塑胶小勺子。

游戏开始啦：

1 吃辅食时，把勺子放在孩子眼睛前上方，嘴里说着："飞机飞来降落啦。"边说边让勺子下降，说到"降落"的时候，勺子到孩子的嘴边。在这个过程中孩子的嘴会始终保持张开的状态，很容易就喂进去了。

2 把勺子放在桌子底下或者孩子的餐椅下方，给孩子喂辅食的时候将勺子快速移上来到达孩子嘴边，妈妈嘴里可以说："火箭起飞啦，在月亮上着陆啦。"

3 把勺子放在与孩子嘴巴齐平的地方，上下晃动勺子的同时，快速向孩子移近，嘴里可以发出类似火车开动的声音比如"呜呜""咔嚓咔嚓"，然后说："火车就要进站了。"将辅食喂到孩子嘴里。

游戏提示：在做游戏前可以提示孩子张开嘴巴，这样喂孩子吃辅食比强迫他吃要愉快得多。

小贴士

到了9~10个月的时候，孩子就会抢你手里的勺子了，可以给他另外准备一把练习使用。

带孩子接触更多的人和事

卡尔·威特经验：

在对小卡尔的施教上，卡尔·威特一直深信“百闻不如一见”，让小卡尔接触更多的人和事。小卡尔两岁以后，不论走亲访友还是买东西，也不论参加音乐会还是看歌剧，卡尔·威特去哪儿都带着他。只要有空，卡尔·威特就带小卡尔参观所有的博物馆、美术馆、动物园、植物园、工厂、矿山、医院和保育院等，以开阔他的眼界，增加他的见识。小卡尔3岁以后，卡尔·威特开始领着他到各地周游。5岁时，小卡尔就已经在卡尔·威特的陪伴下，几乎周游了德国所有的大城市。

每次参观归来，卡尔·威特就让小卡尔详细叙述见到过的一切，或者让他向母亲汇报。这样带着任务去参观，小卡尔在参观中总是用心观察，认真听取父亲或者导游的介绍与讲解。这样一来效果就更为显著，便于小卡尔记住更多的东西。不过，对出游非常感兴趣的小卡尔也乐于向亲人口头讲解旅途见闻和切身体会，后来甚至写了一本游记，将自己旅途中所见所闻全部写下来，大家都非常喜欢看。

解读经典：

这个阶段的孩子，父母可以多带着他接触不同的人，看不同的事物。接触的人多，不但可以提升孩子的语言能力，还可以有效减少孩子怕生的情绪，让他更开朗。等孩子长大后，可以有目的性地带孩子参观一些博物馆、纪念馆等，增长他的知识。在带孩子参观前，可有让孩子有个大体的了解，然后再通过自己的眼睛实地接触这些事物，获得了大量与直接感知相一致的信息与知识。注意在参观时，不要让孩子被动地看，而是尽量做到深入浅出，自然而有效地给孩子传授知识。

卡尔·威特经典游戏

到户外去

适宜年龄：3个月以上。

游戏准备：可以让孩子向外坐的背带，野餐垫等。

游戏开始啦：

1 在阳光充沛、空气好的日子，跟孩子说："到外面玩去喽。"然后告诉他需要准备些什么，让他在等待的同时逐渐意识到外出需要做准备。

2 用宝宝背带让孩子朝外坐着，方便他看看、摸摸、闻闻，最合适的地方是小区花园，孩子在那里会成为主要关注对象，很多人会来跟孩子打招呼，大点的小朋友也会来逗他，可以减少孩子的怕生情绪。

3 在草地上铺一块野餐垫，让孩子在上面躺着看云，或者爬一爬、滚一滚，都能带给他正面、积极的情绪体验。等孩子会走了，户外游戏会逐渐丰富起来。

游戏提示：大自然是学习的最好场所，能培养孩子的观察能力和语言能力，还能培养孩子乐观开朗的性格。

小贴士

带着小孩子外出时，注意防晒，同时要预防孩子把东西放到嘴里。

让孩子用耳朵学习外语

卡尔·威特经验：

在小卡尔的摇篮时期，卡尔·威特就开始教他拉丁语。卡尔·威特认为，婴儿是善于用耳而不善于用眼的，教导一个躺在摇篮里，除了吃和睡什么也不懂的婴儿学外语，方法就是让他听。每当小卡尔睡醒以后情绪比较好的时候，卡尔·威特就用清晰而缓慢的语调对他朗诵威吉尔的《艾丽绮斯》，这是一部出色的叙事诗，同时也是一首极好的摇篮曲，小卡尔非常喜欢，每每听着听着就入睡了。因为有这样好的基础，所以后来小卡尔学习拉丁语时就感到很轻松，并且很快就能背诵《艾丽绮斯》了。

解读经典：

一个良好的语言环境是孩子学习外语的基础，而反复听也能提高孩子的听力。教语言时，通俗易懂的诗最易于记忆，卡尔·威特总是先教些诗歌，使小卡尔熟悉这种语言的感觉后再进一步教。父母在闲暇的午后，可以给摇篮里的孩子朗读儿童英文诗，英文或者其他语言的诗歌，感受一下这种语言在韵律、节奏、 语言表达的美感，以及所传达出来的画面、色彩和其中的故事，这不但会愉悦心情，提升美感，对营造孩子学习英语的环境也有很重要的作用。不过，这也不要强求，也可以先不管学习英文的事情，先与孩子一起感受诗歌这种更加接近人类感受和心灵的艺术吧。

卡尔·威特经典游戏

拔萝卜

适宜年龄：4个月以上。

游戏准备：儿歌《拔萝卜》。

游戏开始啦：

1 唱《拔萝卜》这首歌给孩子听："拔萝卜，嘿呦嘿呦，拔萝卜，嘿呦嘿呦，拔不动……" 然后就开始换成人的英文名字："Daddy呀，快快来，快来帮我们拔萝卜"，你可以根据孩子的接受能力灵活决定重复次数和添加的人数，把Big brother、Uncle、Dog、Cat等都加入进来。

2 唱过几遍后，唱到需要换词的地方停下来，问问孩子："让谁来帮我们拔萝卜呀？"然后重复说出人名，接着往下唱。

游戏提示：在歌词中随机加入孩子所熟悉的人或小动物的英文名，既培养了语言能力，学习了英文，也能培养孩子助人为乐的精神。

小贴士

等孩子会说话后，妈妈在开头和结尾的时候都可以放慢速度，问问宝宝想让谁来帮忙，说不定他能说出哪个人名呢。

坚持与孩子的地位平等

ξ 卡尔·威特经验：

卡尔·威特始终坚持与小卡尔的地位平等。卡尔·威特认为，孩子的理解力是很强的，而且对外界的观察很敏锐，只不过他们的心理活动有时被成年人忽略。无论小卡尔的年龄有多小，卡尔·威特都把小卡尔放在和他一样的位置，从来没有因为小卡尔是个孩子而忽略他，也从来没有因为他太小而纵容娇惯他。在卡尔·威特的家庭中，他们是平等的，小卡尔不仅是卡尔·威特的朋友，也是他母亲的好朋友，并且和家里的女佣也是好朋友。他们互相尊重，平等相待。卡尔·威特与小卡尔平等地交流，认为这是培养他责任心的一种方式，卡尔·威特和妻子不但倾听他的心声、感受，还同他谈些自己的喜怒哀乐，当然，内容是小卡尔所能接受的。在这样的大环境下，小卡尔不但得到了尊重，而且成长非常快。

ξ 解读经典：

有些父母，为了使孩子容易管教，故意让孩子怕自己，或者以高高在上的姿态对待孩子，认为孩子什么都不懂，成天只会胡乱瞎想。他们不是随便地敷衍就是以长辈的权威武断地命令孩子，甚至让孩子无条件地接受自己的观点，他们根本不把孩子当成一个朋友来平等对待，而是自己像一个君主，孩子像一个奴仆。这样只会让孩子变成一个胆小的人，一个感受不到尊重的自卑者，这样想在这个社会里获得成功是非常困难的。这样的父母，是正在把孩子变成一个失败者。

良好的教育环境就是父母和孩子像朋友一样，在平等的交流中展开的，孩子会在这种面对面、心贴心的亲密交流中学习知识，在这样的环境下，孩子才能获得尊重，从小培养起自信，从而健康幸福成长。

卡尔·威特经典游戏

家庭会议

适宜年龄：2岁半的孩子可以参加家庭会议了。

游戏准备：不需要。

游戏开始啦：

1 召集全家人到客厅，让孩子与其他人都坐好，妈妈说明会议主题："明天是星期六，我们要出去玩，但是去哪玩呢，我们要开个会来决定。"

2 每个人说个游玩的地方，问问孩子想去哪，也说出来，妈妈综合每个人意见，再次宣布："建议很多，我们没办法都去，必须选择一个。我们通过举手表决的方式来决定。同意吗？"大家说同意以后，问问孩子，孩子也同意，就进行举手表决。

3 也可以将可选择的计划交由孩子选择，并与他协商选择的理由。

4 游玩方案决定后，全家就出行的工具、需携带的东西等进行讨论，当然也要听孩子的意见和建议。然后，包括孩子在内，每个人都负责一部分准备工作，并相互提示去完成。

游戏提示：让孩子参加家庭会议，参与决定家庭事务，这样坚持与孩子地位平等，能感受到家人对他的尊重，从而让他喜欢上团队生活。

小贴士

如果孩子耍赖不服从决定，妈妈一定不能让步，如果孩子负责的部分出了问题，让孩子自己想办法解决，解决不了可以请人帮忙，让孩子明白更多团队精神包含的内容。

营造一个学认字的环境

卡尔·威特经验：

当小卡尔满6个月时，卡尔·威特就在他的房间四壁大约1米高的的地方贴上厚厚的白纸，白纸上贴上用红纸剪下的文字和数字，在另一处并列贴上从1~10的10行数字，在某处画上乐谱图。卡尔·威特还制作了许多小卡片，在上面画上憨态可掬的小动物、房子、树木等，在画面下标出名称，把这些卡片贴在餐厅、厨房、客厅和儿子卧室的墙壁上，让小卡尔可以常常看到，以加深印象。卡尔·威特和妻子还常常利用这些卡片和儿子做游戏、编故事，让孩子从游戏中学认字。

解读经典：

环境对孩子的刺激作用很重要。幼儿的抽象思维能力尚未萌发，他们的学习离不开具体形象的实物或者图片，因此，借助于现有的自然环境与精心营造的室内环境进行适当教育就会收到很好的效果。卡尔·威特通过营造一个良好的室内环境，让小卡尔耳濡目染，很快地学习认字。生活中处处都有孩子识字的情景和教材，教孩子认字，最根本的方法就是结合实物和生活情景，并让孩子在游戏和快乐中学习。父母除了可以在家里贴上幼儿字卡，经常与孩子做游戏外，还可以在带孩子出门时，见到广告就读，买东西让孩子自己看包装等方法，让孩子更好更快地积累词汇。

卡尔·威特经典游戏

小动物找家

适宜年龄：6个月以上。

游戏准备：小猫、小狗、小鸡、小鸭等动物名称字卡。

游戏开始啦：

1 将动物名称字卡贴在墙上，刚开始时，可以抱着孩子，边唱儿歌边指点字卡："轻轻走，轻轻跑，我的小猫'喵喵喵'。"然后引导孩子指向小猫的字卡。

2 然后以同样的方式指引其他动物字卡："爱吃小虫爱吃米，我的小鸡叽叽叽。""黄嘴巴，大脚丫，我的小鸭嘎嘎嘎。""大鼻子，长又长，我的大象在哪方？"等孩子会走后，可以引导他边学动物的动作边向字卡跑过去。

游戏提示：这个游戏主要用于学习动物名称，让孩子对字有个形象的认识，还能提高孩子的想象力。

小贴士

父母可以准备许多大小不等的卡片，双面胶、绳子、彩笔，放在随时能拿到的地方，并把家里各种物品的名称都写在卡片上，贴到墙上，让孩子随时随地认字。

宽松环境开发孩子的创造力

ξ 卡尔·威特经验：

在小卡尔1岁多的时候，如果拿着某种材料或玩具聚精会神地玩，而不是拿起来就扔掉，卡尔·威特和妻子就及时夸奖他，并和他一起，启发他尽兴地玩。如果小卡尔用了一种出人意料的方法玩玩具，卡尔·威特和妻子不仅仅是夸奖他，还鼓励他多想出几种方法来。

小卡尔两岁时，卡尔·威特的妻子在给他讲故事的时候，会像报纸上连载小说那样，讲到“且听下回分解”的地方就打住，下面的故事情节让小卡尔自己去想象创造。小卡尔不得不为此而挖空心思，并对可能的情节做出各种猜想。第二天，在重新讲故事前，卡尔·威特的妻子会先让小卡尔说他是怎么想的，然后才接着讲。如果小卡尔自己猜中了，就高兴地欢呼，如果他没猜中，卡尔·威特的妻子就夸奖说：“哎呀，我儿子编得比故事本身还好呢！”小卡尔的创造力就在这种宽松、鼓励的环境中不断培养起来。

ξ 解读经典：

只有学习能力是不够的，创造力对于孩子来说更加重要。婴幼儿时期的孩子好奇心旺盛，创造力也随着年龄的增长突飞猛进，父母应因势利导，呵护孩子的好奇心，更好地培养孩子的创造力。卡尔·威特在培养孩子创造力方面，最主要的是提供了一个宽松的环境，鼓励小卡尔多动手、多思考、多提问题。不论小卡尔提出什么样的问题，他都耐心地给予解答。因此，父母应给孩子创造充分的条件，最大限度地放开孩子的手脚，让他有更大的独立空间，满足孩子的好奇心和冒险精神，放手让孩子探索，让孩子自己获得去创造成就的勇气和信心。其实，孩子的创造力是天生的，他以独特的眼光看这个世界，他的这种能把普遍意义上的某种物体或某种事物，嫁接到特殊意义上的某种物体或某种事物上的行为，正是孩子创造力的表现。父母要做的就是对他的新奇念头、想象力和别出心裁进行称赞、鼓励，呵护和激发他的创造力。

卡尔·威特经典游戏

盒子变火车

适宜年龄：1岁以上。

游戏准备：一些盒子比如纸巾盒、月饼盒等，以及一根细绳子。

游戏开始啦：

1 拿几个盒子给孩子看看，然后拿出剪刀等工具，边做边说："盒子盒子变变变，孩子，看妈妈一会儿把盒子给你变成什么。"

2 在盒子两对侧的同一个高度打孔，把一根细绳子从中穿过，绳子在另一头露头的时候，鼓励孩子抓住绳头将绳子拉出来。

3 同样的方法处理第二个，把两个盒子穿成一串，连续穿几个后，跟孩子说："噔噔噔噔，火车做好了。做了一个火车，孩子看像不像？"

4 让孩子拖拽着火车走，孩子走妈妈喊："哐当哐当，呜——火车出发了。"孩子会玩得很开心。

游戏提示：将废旧盒子做成玩具，让孩子体会到创意的魅力，而且这个游戏里也有让孩子动手和拖拽玩具行走的环节，对他的精细动作能力和行走能力有锻炼作用。

小贴士

一物多玩就是创意，可以就一个物品怎样才能玩出更多花样跟孩子多做讨论。

给孩子提供良好的学习空间

卡尔·威特经验：

为了让小卡尔学习到标准、规范的语言，卡尔·威特不仅对妻子，对女仆和男仆都严禁他们说方言和土话。卡尔·威特家里有个老仆人，也许是年龄偏大，他经常满口土语，不会说标准德语。当时小卡尔正在学习语言的节骨眼上，卡尔·威特虽然不情愿，但不得已只好忍痛将这位老仆劝退回家。

卡尔·威特觉得最有利于孩子成长的是孩子的大部分时间都在靠近父母的空间中度过，这样，孩子可以时时得到父母的关爱，不断交流感情。否则，孩子会感到孤独、厌烦，感到不安全。他自己就是那么做的。卡尔·威特经常把小卡尔带到自己做事的地方去，时时鼓励小卡尔参与到他们所做的事情中去，而小卡尔也非常乐意在父母的陪伴下，在实践中得到很好的锻炼。

解读经典：

孩子的天赋是方方面面的，父母要善于发现并为之提供良好的环境。只要父母能够给孩子提供良好的环境，发现孩子的天赋并及时加以夸奖，孩子都是大有可为的。要做到这一点，家人一定要相互配合，而且以身作则，在家里营造热爱学习、崇尚知识的氛围，这是一种智慧的追求。

对于孩子而言，父母身上的一些优点，比如待人和气、真诚，使用礼貌用语，懂得谦让与关爱他人，充满爱心，自信、自尊、自爱，严于律己，身体力行……这些都会直接给孩子造成好的正面影响。一个幸福的家庭离不开欢乐与微笑，一个和谐的家庭活泼与幽默也是必不可少的，而父母快乐，孩子也会更快乐。父母是伴随孩子一起成长的，用一颗感受快乐的心，以大孩子的心态，与孩子一起玩耍嬉戏，陪伴孩子成长，就是最好的教育。

卡尔·威特经典游戏

小小大拇指

适宜年龄：6个月以上。

游戏准备：1支笔，在每个手指的指肚上画一张小脸。

游戏开始啦：

1 把画上小脸的双手握成拳头伸到孩子面前，同时按照《两只老虎》的旋律唱儿歌："大拇指呀，大拇指呀，在哪里？在哪里？"边唱边摇晃拳头，"我在这里，我在这里（先伸出一个大拇指，唱到第二个的时候再伸出另一个），你好吗？你好吗？（弯曲一个大拇指做鞠躬状），谢谢你呀，谢谢你呀，我很好， 我很好（另一个大拇指鞠躬回礼），我要走啦，我要走啦，再见吧，再见吧！"（先把一只手，放到身后；然后另一手也放到身后），唱完大拇指。

2 把歌词分别换成：食指、中指、无名指和小指重复唱这首歌，结尾一段是个高潮，可以这样唱："全家在哪儿？"在回答"我们在这儿"时，摇晃双手十指，并鼓励孩子也摇晃小手对你做出回应。

游戏提示：双手十指轮流做出动作，锻炼各手指的灵活性，对促进手眼协调有好处，游戏时配有儿歌，可促进孩子语言能力进步。

小贴士

等孩子了解了这个游戏并长大点后，就可以你唱歌，孩子做动作了。

创造优美的家庭环境

卡尔·威特经验：

卡尔·威特对小卡尔爱好的培养都经过了精心的安排。他首先从住宅的布置开始，除了小卡尔居住的房间从最初就是令人心情愉快的，墙上贴着使人心情舒畅的墙纸，并且在上面挂上经过精心挑选的有边框的画，贴上有利于小卡尔学习的各类卡片，尽力在室内摆设很有情趣的器具，决不放置任何没有情趣和不相协调的东西在房间中。

如果有人赠送的礼物和家具的陈设不相协调，卡尔·威特绝不会摆出来。卡尔·威特在住宅的周围修上了雅致的花坛，栽上那些各色各样从春到秋常开不败的花卉，为小卡尔创造出优美的家庭环境。在衣着上，卡尔·威特全家都极为讲究，最少要求家人衣帽整齐，打扮得干净利索，给小卡尔树立良好的榜样，给他以美的感觉。

解读经典：

居家环境对孩子的健康和爱好培养都至关重要。优美的家庭环境带给家人一份温馨，一份赏心悦目的快感。孩子身临其中，也必然受到审美情趣的熏陶。因此，父母可以和孩子一起动手创造一个整洁、舒适、充满生机的天地，在家里享受美的感觉的同时，也能创造良好的学习空间，不断地培养孩子爱干净、爱整洁、珍惜美，尊重和热爱劳动的好品质。

卡尔·威特经典游戏

小小鉴赏家

适宜年龄：2个月以上。

游戏准备：家里挂着的几幅画。

游戏开始啦：

1 在孩子情绪好的时候，可以抱着他欣赏一下家里挂着的画。比如说，如果你家里挂着《摇篮》，你可以这样引导孩子鉴赏："宝宝你看，这里面也有个宝宝在睡觉呢。妈妈在旁边深情地看着他，你在睡觉的时候我也会看着你的啊……"再亲一下孩子，让他感受到你的爱。

2 孩子大点后，妈妈可以带他去博物馆，看看真正的世界名作。

游戏提示：宝宝因对图形的敏感以及对颜色的喜爱往往会表现出浓厚的兴趣，鉴赏艺术品不但让孩子感悟艺术的魅力，插上想象的翅膀，还让他感受生活的美丽。

小贴士

在家里挂几幅画，不但能美化环境，对孩子提高鉴赏能力也非常有益。

建立民主的家庭交流平台

卡尔·威特经验：

有一天，卡尔·威特的一位朋友说起他家庭的事："我们有时候会出现问题，可是我们又不愿意实实在在地说出来。部分原因是害怕，部分原因是觉得丢脸。大家全都是这样，包括我和妻子，还有我们的孩子。"卡尔·威特建议他举行一个家庭会议，大家都发表自己的意见，充分交流。朋友照做了，效果非常明显：在有了这样民主的方式后，孩子们逐渐地向父母袒露了他们的情感要求，他们希望父母经常晚上陪他们一起玩一会儿，父母毫不犹豫地答应了，但同时也提出了孩子要做到及时上楼、吃饭和洗澡的建议，孩子也乐于接受。就这样，自从有了这种会议式的交流方式，大家都敞开心扉，畅所欲言，渐渐地那些矛盾都在不知不觉中消失，家里的气氛好多了。良好的效果更加促进了这种方式的进行，大家都乐于去实施民主地做出的决定，家庭的情感沟通、家庭教育都收到了理想的成效。

解读经典：

这种被卡尔·威特称为自助的家庭教育方式的做法，能有效消除家庭的矛盾，调动家庭的积极力量。在有的家庭里，父母常常以自己的权威来压制孩子，让孩子唯命是从，这不但不利于孩子的性格发展，亲子教育也无法进行下去。在家庭里，父母不是绝对的权威，耐心倾听孩子的要求，与孩子平等地沟通，就能建立一个和谐融洽的家庭氛围。卡尔·威特经常与小卡尔沟通生活中发生的事情，一起商议解决的办法，这不但让孩子有参与感，建立他的自信，还能提高他解决问题的能力。父母不要以为家里其他的事与孩子无关，只要他学习好就好了，久而久之，给孩子留下的印象就是："家里的事与我没有什么关系，我只要不惹麻烦，衣来伸手，饭来张口就可以了。"这不但不利于培养孩子的独立性，孩子也很难养成对家庭的责任感。

卡尔·威特经典游戏

传帽子游戏

适宜年龄：6个月以上。

游戏准备：各种各样的帽子。

游戏开始啦：

1 尽量多的人排排坐，让孩子参与其中，然后大家传递各种各样的帽子（如果你家没有那么多可以戴的帽子，你可以找其他类似的东西来代替），让每个人都戴上试一试。

2 让大家在孩子面前排成一队，或围着他站成一圈，听到信号（哨子、铃铛，或者就是某人喊一声“换”），每个人都把自己的帽子传给下一个人。

3 孩子大点后，让他也加入进来，把每顶帽子都让他试戴一下，再传下去，增加他的参与感。

游戏提示：严肃的爸爸也应该多与孩子交流，给孩子的教育提供一个宽松的环境。这个游戏能让孩子不断学习研究周围的世界，当事物改变时，孩子也能重新去了解它们。

小贴士

如果是有大孩子一起玩，孩子对这个游戏的适应能力会更强一些，但如果孩子不乐意，也不要强迫他去玩。

培养孩子学习的兴趣

不管教什么，首先必须努力唤起孩子的兴趣。只有当孩子有了兴趣时，才能取得事半功倍的良好效果。父母可以采用玩游戏、讲故事等方式，培养孩子的学习兴趣。

兴趣是孩子主动学习的基础

卡尔·威特经验：

在卡尔·威特看来，小卡尔只有对任何事情感兴趣，才会主动学习。只要有兴趣地、主动地学习，再用功也不会损害神经。卡尔·威特就是通过培养小卡尔的兴趣来教育他，让他通过兴趣去主动学习，在玩中快乐成长。卡尔·威特基于教育小卡尔的经验，认为从两三岁起就培养孩子各方面的兴趣，他便能积极主动地学习。有了幼年时期的良好基础，他们在10岁左右就能获得不次于优秀大学毕业生的能力。不仅学业进步，而且身体发育良好，精神上也不会有任何异常，而这样教育孩子的方式也是最经济的。

解读经典：

对于小卡尔来说，学习就是玩，就是一种有趣的游戏，所以再怎么用功他也不会觉得累，而且越玩越有劲儿学习，从而轻松学习到更多的东西。如果父母“强迫施教”，压迫孩子去学习，让学习成为压力、职责，用功学习便成了一种痛苦。无论是孩子还是成人，对于命令式的要求，都会有反感，而父母过高的要求，也会对孩子造成压力，给他们造成负担。因此，父母应根据孩子的发育进程，因势利导培养孩子的学习兴趣，而非强迫孩子去学习。这样孩子在玩中成长和学习，他就会拥有一个快乐的童年。

卡尔·威特经典游戏

录音明星

小贴士

在逗孩子时，注意不要选择会发出声音的辅助工具，避免太多杂音。一般而言，孩子安静地自己玩时会发出很好玩的声音，你可以根据具体情况来获取。

适宜年龄：7个月以上。

游戏准备：录音设备，如录音机和磁带、iPod及其他录音设备，或是带录音麦克风的电脑等都可以。

游戏开始啦：

1 把录音设备放在孩子身旁，然后鼓励孩子开始咿咿呀呀地说话。你也可以拿一本图画书给孩子看，挠挠孩子的脚心，或是推一辆玩具车引导孩子说话，然后录下来。

2 录下来后，就可以把它回放给孩子听了。对于他探询的表情，你可以这样回答："对呀，这就是你呢！"

3 重复播放孩子的发声，直到孩子再发出这种声音，他会非常高兴的。保留磁带或MP3，这在以后会是很有意义的纪念品。

游戏提示：鼓励孩子咿咿呀呀地说话，提升语言能力和听力，这对加强其自我认知也非常有利。

运用讲故事的方法教育孩子

卡尔·威特经验：

在卡尔·威特看来，对于幼儿，没有比对他讲故事更为重要的了。当小卡尔稍微能听懂话时，卡尔·威特和妻子就天天给他讲故事，培养小卡尔对这个世界的认识，让他了解大人的世界。讲故事还可以锻炼孩子的记忆力，启发想象，扩展知识，传授知识。卡尔·威特发现，死死板板地教，小卡尔不易记住；用讲故事的形式教，小卡尔就喜欢听，并且容易记住。在小卡尔还不会说话时，卡尔·威特的妻子就给他讲希腊、罗马、北欧各国的神话和传说。等他会说话以后，母子两人就会表演这些神话。小卡尔也会表演他听到的故事，这样更有助于小卡尔各方面能力的发展。除了给小卡尔讲故事，卡尔·威特还选择好书，清晰而又缓慢地将书中的故事读给孩子听，这是以故事的形式培养小卡尔的语言能力，此外，故事中的内容也有助于培养小卡尔的优秀品质。

解读经典：

教育孩子运用讲故事的方法是最有效的。故事不但能增加孩子的词汇量，提高孩子的语言能力，父母的用心讲解也是孩子扩大书本知识面最有效的途径，有助于提高孩子的理解力，对孩子的智力发展有明显促进作用。挑选一本好的故事书，并在讲述的过程中，语言生动、表情丰富，让孩子有如临其境、如见其人、如闻其声的感觉，增强故事对孩子的吸引力和感染力，激发孩子去感知、联想和想象。孩子学会讲一个故事，要经过聆听、理解、记忆、复述四个阶段，父母可以在和孩子讲故事的过程中，一起边指边说出动物、物体、颜色等的名称，然后再进入故事情节，最后发展成让孩子复述故事，后三个阶段对这个年龄的孩子比较困难，但如果妈妈重复讲一个故事，也会加强孩子的注意力。等孩子到了2~3岁，就会要求父母重复讲一个故事了。

卡尔·威特经典游戏

故事让孩子吃好饭

适宜年龄：7个月左右。

游戏准备：经常给孩子讲的故事情节。

游戏开始啦：

1 在要给孩子喂饭时，而你已经给孩子讲过小猫的故事，那就可以改编一下这个句子："我们家的小猫要吃饭喽。喵喵，吃饭去。"

2 在孩子长大点后，可以给他讲个小鸡吃米的故事："毛茸茸的小鸡，肚子饿了，叽叽地叫，鸡妈妈给它衔来了米，一粒粒小米，它一颗也不肯丢掉，吃得干干净净。吃完了米还在草地上擦擦小嘴。鸡妈妈表扬小鸡是好孩子，不浪费粮食，还讲卫生。"让他养成好好吃饭的习惯。

3 其他日常生活也可以换成故事来玩，比如，翻开《我的动物书》，小鸭子那页写的是"嘎嘎，游泳去"，你可以在孩子学习了鸭子的情况下，在要给他洗澡的时候说："宝宝是只小鸭子，嘎嘎，游泳去！"

游戏提示：给孩子讲故事的时候，这样把故事的主人公换成孩子自己，这会让他觉得非常有趣，他也会因此更加喜欢这个跟自己有关的故事，并接受故事中的教育。

小贴士

在给孩子复述故事中，不一定非要是个完整的故事，一个简单的情景也可以。

将语言运用到日常生活中

卡尔·威特经验：

在小卡尔掌握了一种语言的单词后，卡尔·威特就要求他运用到日常生活中，用正在学习的语言与之交谈。小卡尔若是遇上不会表达的地方，用备用语说话，卡尔·威特就不理会他，逼他自己想出表达的办法来，在这样的实际运用中真正学会语言。

卡尔·威特还鼓励小卡尔与外国孩子通信，起初是和一些外国朋友的孩子，后来范围渐渐扩大到学习希腊语时，他开始给一个希腊孩子写信，不久，就收到了回信，在这样一来一回的过程中，小卡尔对希腊很感兴趣，便读了许多有关希腊的书。接着他又和意大利、英国的孩子通信了。他对这些国家也很感兴趣，还兴致勃勃地研究起它们的地理和风俗习惯。就在通信的一来一往中，小卡尔的外国语长进了不少。

卡尔·威特同时还要求小卡尔看所学语言的书籍，遇上不懂的单词时，就让他自己去查词典，后来查词典的次数越来越少，就表明他已经掌握那种语言了。

解读经典：

卡尔·威特这种要求小卡尔“与其背莫如练”的实际运用语言的方法，对孩子来说是最适用的。像小卡尔一样，以练习代替背诵，可以在练习的过程中不断强化知识点的记忆，达到真正的掌握，这样，可以让孩子少走弯路。父母们从孩子学习母语开始，就可以适用这种方法：经常与孩子说话，在孩子正确说出自己的需求后满足他的要求，教孩子阅读书籍……从生活中学习。如果有能力，可以选择自己擅长的语言，再用此种方法让孩子自然和轻松地学习语言。

卡尔·威特经典游戏

传令兵

适宜年龄：2岁左右。

游戏准备：不需要任何准备。

游戏开始啦：

1 妈妈趴在孩子的耳朵边，跟孩子说："妈妈想吃糖。"孩子可能愣怔地看着妈妈，妈妈就重复一遍："妈妈想吃糖，去告诉爸爸。"

2 孩子理解了妈妈的意图，会跑向爸爸，但不能说出完整的句子，爸爸给孩子补充完整，并照孩子说的做。比如孩子会说："爸爸，糖。"爸爸问："糖怎么啦？"孩子说："吃糖。"爸爸问："谁要吃糖？"孩子说："妈妈。"爸爸将一句话完整说出："妈妈要吃糖，是吗？"然后让他拿给妈妈。

3 孩子成功地帮妈妈要到糖果，妈妈就奖励孩子一些东西，比如小红花、小红旗等，以后传的令可以更复杂些。

游戏提示：在这个游戏里，孩子首先需要记住妈妈说的话，才能准确传给爸爸。过程中妈妈交代孩子事情，爸爸还原妈妈说的话都可以促进孩子学习语言。

小贴士

等孩子到两岁半左右，可以将这个游戏变化一下变为传悄悄话，妈妈传给孩子，孩子传给爸爸，爸爸说出孩子的话，看是否正确。

让孩子从大自然中学习

卡尔·威特经验：

小卡尔三四岁时，卡尔·威特每天都要带他去大自然散步，一边溜达，一边谈话。卡尔·威特会顺手掐起一朵野花，与小卡尔一边观察，一边向他讲解花的生长特点和作用："这是花瓣，这是花蕊、花萼，还有随风飘洒的花粉，没有它，花儿最后便结不出果实……"有时草丛中会突如其来地蹦出一只蚱蜢，卡尔·威特会逮住它，与小卡尔一起蹲下来，头碰头一起研究这只昆虫。卡尔·威特会把蚱蜢的身体结构、习性、繁殖等知识尽可能地传授给小卡尔。

就这样，卡尔·威特通过一块石头、一草一木等实用素材来对小卡尔进行最重要的教育，涉及动物学、植物学、矿物学、物理学、化学、地质学、天文学等几乎所有的科学领域。小卡尔非常喜欢植物，采集的标本堆积如山，他还用显微镜观察各种东西，同时，还写出有关各种事物的极其有趣的散文。这比学校里那些死板僵化的动植物课及其他科学课程更直观，也有趣得多。

解读经典：

卡尔·威特认为，世界再没有比大自然更好的教师了，它能教给人无穷无尽的知识。大自然的一草一木都可以随时成为教育的素材，成为孩子认识与注意的对象，而这也是现代早教所说的自然智能。具有高自然智能的人对大自然充满热爱，胸怀比一般人更开阔，性格也较开朗，而且特别有爱心，对人、对植物、对动物都能保持一种尊重和欣赏的态度。

父母应经常带孩子走出家门，到公园、湖边、草地，摘下一朵花，拔下一棵草，砸碎一块岩石进行观察，利用大自然天然的教材，教孩子各种各样的知识。这不但可以引领孩子探索大自然的奥秘，还可以激发孩子的好奇心和想象力，呵护孩子学习的兴趣。

卡尔·威特经典游戏

月亮月亮回去睡觉

适宜年龄：3个月以上。

游戏准备：天黑前就能看见比较亮的月亮的时候。

游戏开始啦：

1 把孩子抱到窗前，把月亮指给他看："看，那是什么？那是月亮。圆圆的，好漂亮啊。"

2 然后给孩子唱关于月亮的儿歌："月亮先生，月亮先生，你出来得太早，太阳还在天上。回床上去，蒙住头，等到天黑再出来。"

3 再唱一遍，边唱边表演，唱到月亮时就用手指指着月亮，唱到"蒙住头"时就用双手或毛巾把脸蒙上，在结束的时候双手合上放在一侧耳朵边，闭上眼做出睡觉的样子。

游戏提示：可以教孩子认识月亮，并知道月亮的阴晴圆缺，激发他对自然的好奇。

小贴士

每次看到月亮的时候都可以唱这首歌，让孩子以后只要看到月亮就能想起这首歌。

激发孩子识字的兴趣

卡尔·威特经验：

卡尔·威特在教小卡尔认字时，施用了一些小孩还无法识破的“小伎俩”来唤起小卡尔识字的兴趣。卡尔·威特给小卡尔买来很多儿童书和画册，非常有趣地讲给他听，用一些带鼓励的话语来激发他识字的兴趣，像“如果你能认字，这些书你都能明白”之类的话语，有时，卡尔·威特则干脆就不讲给他听，故意对他说：“这个画上的故事非常有趣，可爸爸现在很忙，没有工夫给你讲。”这样一来，反而激发和唤起了小卡尔一定要识字的想法和心愿。待到他有了这种强烈的认字欲望以后，卡尔·威特才开始教他识字。

解读经典：

幼儿期的孩子的学习，主要在玩耍中进行。玩是孩子的天性，是智慧的引申。如果过早让孩子承担“学习的重任”，强迫他过早地去背唐诗、记英语，孩子非但不会好好学习，还可能对学习失去兴趣，到了上学的年龄，会把学习当成负担和压力，甚至会产生厌学的情绪，这样往往与父母心目中“让孩子赢在起跑线上”的目的相悖。孩子年纪太小，还处于玩的年龄，最好的教育方式还是寓教于乐，让他在游戏玩耍中学到知识，认识世界。在日常生活中，妈妈可以教孩子认字，但不能像要求小学生一样的要求他，而应当在游戏中学习生活中的常见字。

让孩子在游戏中学习，也不是完全不让孩子学习知识。妈妈可以在孩子兴趣盎然、精力充沛、情绪好的时候让他静下来学习某些知识，以孩子感兴趣的方法教他，并注意教学时间一定要短，不要等到孩子烦了才结束；更不能在孩子不乐意时使用父母的权力压制，让孩子对学习产生抵制心理。

卡尔·威特经典游戏

身体与语言

适宜年龄：9个月以上，开始有了机械记忆力，可以玩这样的游戏。

游戏准备：几个表示身体部位的英语和汉语单词卡片。

游戏开始啦：

1 抱着孩子到镜子前面，先指点孩子的五官让他认识，指点一个部位，简单告诉他这个部位名称的英语和汉语表达方式，比如指点着鼻子，就说：“鼻子，鼻子，nose，nose。”

2 每个部位都是先由妈妈指点给孩子看，之后可以拿着孩子的手一起指点，最后妈妈不动手，让孩子听到“鼻子、nose”这两个词就自己用手指点。

3 把孩子记住的口头语言用文字表现出来，比如孩子已经记住鼻子，你就把“鼻子”和“nose”这两个词用红色的笔写在卡片上，每次让孩子指点鼻子的时候或者给孩子看写有汉语的卡片，也可以看写有英语的卡片，过一段时间，看孩子是否能只看卡片，不用听到指示就指出鼻子。

游戏提示：这个游戏可以让孩子认识自己的身体部位并记住一些英语和汉语词语，对记忆力开发和语言智能开发都有好处。

小贴士

让孩子学词语最好一个一个来，记住一个再学下一个。不过，孩子的记忆时间比较短，妈妈需要一次又一次重复哦。

表演故事让学习更生动

卡尔·威特经验：

在小卡尔会说话后，卡尔·威特和妻子就开始和小卡尔一起表演书本上的神话、传说和童话故事。卡尔·威特首先选择一些适合孩子表演的故事。这类故事的内容健康，情节生动，语言优美，角色可爱，表演也比较容易。为了方便小卡尔的理解和记忆，情节的主线都比较简明。一般来说，选择的故事对话很多，以培养他的语言能力。在表演之前，卡尔·威特会把故事给小卡尔讲清楚、明白，不仅让他明白自己扮演角色的语言和动作，还让他明白整个故事和其他角色。比较重要的情节卡尔·威特都更加仔细讲述，让他加深对故事的理解。

为了调动小卡尔的表演积极性，卡尔·威特尽量让他参加准备工作并为他创造一种环境和气氛。卡尔·威特时常告诉小卡尔，不要太拘泥故事本身，在表演中可以大胆想象，自由处理。无法表演的东西，如爬山、过河等，卡尔·威特就教他用象征性的语言和动作来加以表现，这样表演故事是一件非常有趣的事情，连卡尔·威特都觉得玩起来很开心。

解读经典：

书本中的故事或童话对孩子有很多的吸引力，可以说是孩子的智慧源泉。故事不但能增加孩子的词汇量，提高孩子的语言能力，父母的用心讲解也是孩子扩大书本知识面最有效的途径，有助于提高孩子的理解力，对孩子的智力发展有明显促进作用。孩子学会一个故事，要经过聆听、理解、记忆、复述四个阶段，在孩子小不会说话的时候，可以给他讲各种各样的故事，加深他的印象。等孩子能说话后，用表演这样生动的形式让孩子进行后三个阶段，不但可以帮助孩子加深对故事的理解，而且还可以开发孩子的创造力。在表演游戏中，孩子充当种种不同的角色，用不同声调或动作去演绎一些优秀的作品，这会对他各方面都产生有益的影响，特别能够对他的心灵产生美的启迪。

卡尔·威特经典游戏

孩子的相册

适宜年龄：6个月以上。

游戏准备：把照片插进透明塑料袋中的小相册1本，装满孩子以及他熟悉的人的照片。

游戏开始啦：

1 把相册拿给孩子，告诉他，这是他的相册。和孩子坐在一起，把那些照片给他看，给他介绍谁是谁，观察孩子的反应。

2 孩子一般会很直观地传达他的感觉，看到熟悉的人，孩子会很兴奋；看到不认识的人时，他脸上也许会带着困惑的表情。

3 把相册放到孩子的小书架上或玩具箱里，让他可以自己翻阅，在孩子熟悉所有人后，可以换本相册。

游戏提示：通过照片可以让孩子认识更多的人和事，辨认熟悉的脸（包括他自己的）对孩子来说是件乐趣无穷的事，这个游戏可以让孩子学习通过名字和关系来认识每个人。

小贴士

照片除了包括亲戚和家庭朋友外，最好还要有保姆、邻居，以及认识的其他孩子的照片。

在孩子模仿时教他写字

卡尔·威特经验：

有一天，卡尔·威特正在书房里写一份报告，突然发现小卡尔背对着他，趴在一张小凳子上专心地摆弄着什么，原来他正手里拿着一根小木棍模仿卡尔·威特写字的姿势，在一张废纸上“写字”呢。于是卡尔·威特给小卡尔一支木炭笔，并教他写自己的名字。开始时，卡尔显得笨手笨脚，根本无法正确握笔，也不能写好笔画。小卡尔并没有放弃，而是在卡尔·威特一次又一次的仔细讲解和鼓励后，他终于能够歪歪斜斜地写出自己的名字了。小卡尔把自己写的字给母亲看，得到了他母亲大大的赞赏，听到母亲的赞扬，小卡尔学习写字的精神就更足了。那几天，小卡尔学习写字的情绪很高，成天嚷着要卡尔·威特教他更多的字，并因为卡尔·威特用的是钢笔，也要求使用钢笔。虽然小卡尔用钢笔写字搞得一塌糊涂，但卡尔·威特并没有禁止他使用。在父子二人共同的努力下，小卡尔的字越写越漂亮。

解读经典：

在孩子有意向拿笔模仿写字后，可以给他一些材料，如给孩子提供纸、粗铅笔、粗蜡笔或粉笔等，摆在他随手可以拿到的地方。也许孩子只是拿来涂鸦，没关系，这也是种创造的表现。父母可以在孩子兴致很好、爱模仿的时候，教孩子写简单的字，或者是他的名字，很快他就学会写几个字了。值得注意的是，孩子的模仿是多方面的，他会模仿你说话、写字、运动等；也会模仿你的错误行为。父母应多注意自身的言行及孩子的生活环境，给孩子创造良好的学习环境，而且不要把孩子不好的模仿当作笑料宣传或者强行制止或斥责，以免强化他的不良行为，养成不好的习惯。

卡尔·威特经典游戏

快乐沙上画字

适宜年龄：1岁半以上。

游戏准备：带孩子去户外的沙滩，并注意防晒。

游戏开始啦：

1 在沙滩上或者箱子上铺一层薄薄的沙，就可以让孩子拿木棍，或干脆用手指在沙上写字作画了。

2 首先你可以做个示范，写上你和孩子的名字，他很乐于模仿的。

游戏提示：锻炼孩子的协调能力，充分发挥想象力，还可以激发孩子学写字的兴趣。

小贴士

父母还可以把沙子倒在一个托盘里，教孩子用手指在上面写字，激发他写字的兴趣。

兴趣可释放孩子过剩的精力

卡尔·威特经验：

卡尔·威特认为孩子的不良行为是由于孩子过剩的精力无处发泄而造成的，这是一种精力的浪费。卡尔·威特的做法就是带孩子去接触大自然，这不但能使孩子身体健壮，精神也旺盛起来，而且能使孩子的心地高尚。正是有很多孩子因为远离大自然，很少呼吸新鲜空气而心情不佳或性格乖张。

卡尔·威特尽量让小卡尔接触大自然，每逢晴天就带他去森林玩。在大自然中，小卡尔呼吸着新鲜空气，学习各种不同的知识，在快乐中健康成长。在家也让小卡尔搞园艺，栽培花草，养养小动物。小卡尔养过两只小鸟，小狗和小猫等，饲养这些动物时，为了调食、喂水，小卡尔需要高度注意，这培养了他专注的精神，也培养了他的爱心，使他从来都不感觉到无聊而捣乱。

解读经典：

好动、好奇是孩子的特点，这不仅能反映出他思维发展的进程，更重要的是表明他好观察、善于捕捉周围环境中新异的事物或现象，如果他的种种好奇得不到满足，就会捣乱，让父母头痛。

此时，父母要学会给他适当的机会释放过剩的精力，一些有创造力的兴趣可以转移他的注意力。如果是在家里，可以给宝宝一个安全的环境，让他自己去折腾积木、橡皮泥等各种各样的玩具；天气晴好时，带孩子到户外去，让他有更多的机会接触各种新鲜事物和环境，激发他探索的兴趣。随着他的成长，他的时间和精力被各种有创造性的学习代替，自然也没有机会来捣乱了。

卡尔·威特经典游戏

气球噗噗叫

适宜年龄：7个月左右，可以坐得很好时就可以玩了。

游戏准备：1只气球和1瓶水。

游戏开始啦：

1 妈妈把气球吹起来，稍微拧紧但不系口，交给孩子或者和他一起拿着，数一二三，一起撒手。

2 孩子撒手后就会发现，气球并不是向前或者直接落地了，而是嗡嗡叫着上蹿下跳、飞来飞去，这会让他很惊诧，而且马上就会伸手想要抓住它。

3 你也可以往里灌点水，看看会有什么样的结果。此时，气球不但会噗噗叫，还会洒水呢，孩子一定会特别开心。

游戏提示：这个游戏在孩子会走、会跑后也可以玩，可吸引孩子的注意力，很好地锻炼孩子跑、下蹲的能力，释放孩子过剩的精力。

小贴士

气球里装水的环节最好还是到花园里去玩，否则家里会“发洪水”了。

培养孩子对数学的兴趣

卡尔·威特经验：

小卡尔刚开始不喜欢数学。尽管卡尔·威特早已通过游戏法很容易地教会了小卡尔数数和数字，并用通过做买卖的游戏很容易地教会了他钱的数法，然而，当卡尔·威特要教他乘法口诀时，却碰到了麻烦：小卡尔有生以来第一次厌弃学习，这让卡尔·威特非常苦恼。

尽管如此，卡尔·威特还是没有强制小卡尔死记硬背乘法口诀，因为他坚信强制是行不通的，这容易扭曲孩子的性格。后来，卡尔·威特的苦恼被一次与朋友罗森·布鲁姆教授的会面而解开了。罗森·布鲁姆教授是一位数学教授，他的数学教学技巧相当高明。这位学者建议他：用游戏的方法让孩子对数学产生兴趣。于是卡尔·威特从简单的游戏开始，在小卡尔享受到这种游戏的乐趣以后，继续以此类推继续进行更复杂的游戏。就这样，小卡尔不久就对数学产生了浓厚的兴趣。一旦有了兴趣，以后的数学就像流水一样，从算术开始一直到顺利地学会了代数、几何。到后来，小卡尔就不仅仅是有兴趣了，他简直就爱上了数学。

解读经典：

引导孩子学习数学，最主要的是让他产生兴趣，以后的学习就比较顺利了。父母应根据孩子对数学认知的进程，从简单的游戏开始，从易到难，体会数学的乐趣。

一般而言，孩子4~6个月时能够区分大小，7~9个月时能明白“1个”和“2个”的概念，10~12个月能估计高度和距离并逐步建立起时间、空间和因果关系，12个月时可自然口头数数1、2、3，2岁时可点数，3岁时会倒数10位数，做5以内的连加。父母可在每个阶段有针对地强化训练，让孩子理解一些数学概念。在已经建立数字概念后，再利用孩子的兴趣开始加减乘除等更深入的数学学习。

卡尔·威特经典游戏

数数游戏

适宜年龄：7个月以上。

游戏准备：一个可以数数的环境。

游戏开始啦：

从日常生活中教孩子数数，例如，把豆子和纽扣等装入纸盒里，你和孩子各抓出一把，数数看谁得多；或者在吃葡萄等水果时，数数它们的种子；或者在剥豌豆时，一边剥一边数不同形状的豆荚中各有几粒豌豆。此外，利用爬楼梯、看路边的树、路过的车子等机会，都是教孩子数数的好时机。

游戏提示：这是卡尔·威特的经典游戏。拿孩子喜欢的物品或者图片来教他数数，可以更好地教他数学概念。

小贴士

在用细小物品教孩子数数时，家长应在旁边，避免发生不必要的风险。

才艺学习尊重孩子的兴趣

卡尔·威特经验：

卡尔·威特一直鼓励小卡尔从事艺术方面的活动。小卡尔喜欢画画，喜欢音乐，卡尔·威特都给予他支持和鼓励。但卡尔·威特并不是想一定要把他培养成一个艺术家，而是因为这些爱好有助于增强小卡尔的想象力和创造力。

在小卡尔学习演奏乐器的时候，因为卡尔·威特和妻子的出发点在于培养他的爱好，所以在他偶尔弹错几个音时并不会遭到责骂，也不会为这些失误而感到失望。小卡尔喜欢练琴，即使弹得不十分完美，也是一件好事，因为这样不仅培养他的兴趣，也促进了他智力的发展。正因为卡尔·威特对小卡尔学习艺术的大度，让小卡尔倍感轻松，让他在学习之中找到了乐趣，在音乐之中享受了美好的童年，而且让他的生活更加美好。

解读经典：

有些父母由于自己喜爱艺术就逼着孩子去学习绘画、音乐，根本不顾孩子的感受，也不会用有效而正确的方法引导孩子，这样的做法只能令孩子反感，可能反将孩子本身就具有的爱好抹杀掉。那些被父母逼迫坐到钢琴前的孩子，根本就不是在受教育，而是在受折磨，从小就在痛苦之中学习，取得的成就是微乎其微的。

因此，父母在决定培养孩子才艺之前，不妨先听听孩子的意见，尊重孩子的选择。在孩子学习的过程中，应采用有效而正确的方法引导孩子，让兴趣引导孩子去学习。要知道，才艺学习并不是要把孩子培养成一个艺术家，而是让他的手指变得特别灵巧，目的在于通过音乐陶冶他的性情、开发他的智力。千万不要强迫孩子学习他没有兴趣的东西，这会破坏他以后学习的信心和欲望，对孩子健康成长十分不利。

卡尔·威特经典游戏

手掌画

小贴士

父母可以挑选一些孩子好的作品做成卡片送给爷爷奶奶、外公外婆当纪念品，他们肯定非常开心。

适宜年龄：1岁半以上。

游戏准备：儿童颜料、一个盘子或调色盘、纸。

游戏开始啦：

1 先在桌子或者地板上铺一些报纸，然后在调色盘（或任何扁而浅的盘子）里倒入温和无毒的儿童颜料。

2 帮孩子把手掌放进盘子里，接着再轻轻地印到纸上去，然后可以根据孩子印上去的形象来描绘出各种图案。

3 你也可以先让孩子选用手指，在他没有耐心时再使用手掌，让画变得更加丰富更加有趣。

4 妈妈也可以帮助孩子用他的双脚来尝试这个游戏，但要在脸盆或澡盆里准备一些水，等结束之后，赶快把颜料洗掉。

游戏提示：可以帮助孩子锻炼精细动作能力，培养他的艺术感，让他对画画感兴趣。

开发孩子对音乐的兴趣

卡尔·威特经验：

卡尔·威特认为，人生在世懂得音乐是非常幸福的。卡尔·威特从小卡尔出生后不久，就买来能发1、2、3、4、5、6、7七个音的小钟敲给他听，并让妻子唱出来，使小卡尔形成欣赏音乐的观念。当小卡尔学会A、B、C的读法后，便教他乐谱的读法，并常常玩高低音的游戏。卡尔·威特从小卡尔尚不会说话时起，就用拍手的方式打拍子让他看，然后买来小鼓，教他按照拍子敲打。过了一段时间又买来了木琴，让他敲打，并且开始做弹琴游戏，培养小卡尔的节奏感，很快，小卡尔就对吉他非常感兴趣。

在小卡尔能够用吉他弹奏简单的旋律之后，卡尔·威特便抓住这个机会鼓励他练习下去。卡尔·威特从单音开始教他，后来又教他和声，没过多久他就能很流畅地弹奏音阶和琶音了。这时，卡尔·威特专门聘请了一位教师，让小卡尔学习更深入的演奏技巧，这些都是自然而然的事情。在这种既学习又欣赏的过程中，小卡尔在没有怎么费力的情况下便熟练地掌握了小提琴和吉他这两种乐器的演奏方法，后来又学会了钢琴。

解读经典：

孩子对音乐有天生的兴趣，父母在孩子成长的过程中应注意引导他音乐兴趣的发展。听优美的乐曲不但可以让孩子体会各种声音和发展辨别能力，使大脑得到有效的训练，还可以很好地培养他的乐感，因此，要多给孩子听音乐。音乐的范围很广，可以是各种乐器的声音，也可以是人唱歌的声音，不过，各个种类不要更换太频繁，最好是听两周左右再换一种，给孩子充分的时间去记忆。妈妈亲自给孩子唱歌，这更能激发孩子对音乐的感受力，你可以在喂孩子吃奶时、哄孩子睡觉时轻轻哼唱，让孩子熟悉音乐，激发孩子对音乐的兴趣。如果孩子对音乐节奏十分敏感，对音乐十分入迷，那么他比较有音乐天赋，你可以提供更多的“音乐奖励”，比如带孩子听场音乐会等，提升孩子音乐学习的兴趣。

卡尔·威特经典游戏

音乐欣赏

适宜年龄：出生20天就可以每天听一点音乐。

游戏准备：不同乐器演奏的唱片，男、女、儿童演唱的歌曲各几首。

游戏开始啦：

1 放音乐给孩子听，一首曲子放几天后换一首，再过段时间两首曲子连着放。

2 你可以坐在床边，跟着曲子的节奏，轻轻拍手、晃动身体，让孩子感知节奏。

3 如果孩子犯困了，就选一支催眠曲，你可以随着节奏拍打孩子的身体或者晃动摇篮。

4 如果曲子的节奏很鲜明、欢快，可以把孩子抱在怀里，握着他的小手或小脚跟着节奏舞动。

游戏提示：让孩子欣赏包括乐器演奏、大自然的声音、男女歌唱家演唱、儿歌等在内的各种风格的音乐歌曲，扩大他对音乐的认知。

小贴士

给孩子听的曲子要经过慎重选择，要适合孩子，重金属摇滚、爵士这类音乐不宜给孩子听。

藏在哪

适宜年龄：2岁以上。

游戏准备：一些孩子喜欢的玩具。

游戏开始啦：

1 把孩子喜欢的玩具藏在屋子中让他找。父母利用具有韵律的乐器（小鼓、吉他、钢琴等擅长的乐器），或者自己发出有节奏的声音来提示他。

2 当孩子一走近藏东西的地方时，不是说“危险，危险”，而是渐渐弹出低音。若是走远了，就渐渐弹出高音，引起孩子的注意。

3 刚开始时，提示孩子注意听声音的高低，引导他来寻找。

游戏提示：这是卡尔·威特的经典游戏。用音乐提示不但能提升游戏的趣味性，还能训练孩子的听力。

小贴士

培养孩子的音乐智能并非非要把他培养成音乐家，只是想让他具备更强、更敏锐的感受力，所以父母一定不要太心急，以免揠苗助长。

Part 5

在游戏中提升学习力

Zai Youxizhong Tisheng Xuexili

孩子在玩的过程中，他会动脑筋，不断提出问题，主动寻求解决问题的方法。此时父母可以通过游戏适当地给孩子灌输知识，让孩子多看、多听、多说、多想、多问、多交流、多交往，在游戏中潜移默化地提升各种技能和智能，提升学习力。

游戏是学习的有效方法

卡尔·威特经验：

卡尔·威特对小卡尔的教育几乎都是采用游戏的方式进行的。为了使小卡尔各方面的能力都得到发展，卡尔·威特开设了与之相配套的游戏。他甚至给小卡尔专门开设了一个运动场。那里有各种器具，有的可以用棒子敲打，有的可以悬重，以促进他练就发达的肌肉，在卡尔·威特看来，带有明确的目的的游戏，就不是白白浪费精力，而是让孩子身体上、智力上等各方面的能力都成长起来。

解读经典：

只要善于利用游戏，那么游戏就不仅仅是一种娱乐，也会成为一种孩子学习知识的好方法。游戏是动物的本能，所有动物都喜欢游戏，动物训练下一代的技能都是在游戏中进行的，老猫戏弄小猫的尾巴，是为了发展它将来捕捉老鼠的能力；而老狗和小狗互咬也是为了发展它将来能咬死野兽的能力。在游戏中培养能力是孩子最乐于接受的启智方法，也是父母掌握科学育儿和快乐育儿的有效途径。父母可以根据孩子的生长特点，使用最适合他的游戏，让孩子从中学会运动、认知、语言、手的技巧、与人交流及自理等方面的各种能力，全面提高宝宝的能力。

卡尔·威特经典游戏

串珠游戏

适宜年龄：1~5岁。

游戏准备：圆形、椭圆形、三角形、正方形四种形状的串珠及各种颜色的串绳。

游戏开始啦：

1 妈妈可以根据孩子的月龄，对穿珠提出不同的要求，如穿两个到多个，按红、黄、蓝三种颜色顺序间隔地来穿，也可按圆形、扁平、椭圆形的顺序间隔来穿，还可按大、中、小的顺序间隔穿等等，提高孩子穿珠的能力。

2 随着孩子动手能力的增强，你可以让串珠颜色更丰富，形状多变，发挥孩子的想象。引导孩子把串珠穿成各种玩具如“项圈”“手镯”“太阳”等，以激发孩子对穿珠的兴趣和动手操作的欲望，激发孩子的想象力。

3 对于能力弱的孩子可以手把手地教，但不能包办代替，要引导孩子自己去尝试。

游戏提示：训练孩子的精细动作和手眼协调能力，培养孩子的耐心和毅力。

小贴士

玩串珠前，必须教会孩子：串珠是玩的，不能把串珠放进嘴里，塞进鼻孔和耳朵里，否则是很危险的。

只有玩具陪伴的童年是可悲的

卡尔·威特经验：

卡尔·威特认为有的父母买玩具给孩子打发时间，把玩具交给孩子就再也不会理会他们的做法，是一种不负责任的行为。和玩具在一起度过童年，不仅仅是浪费时间，还会让孩子从小养成一些将来很难改掉的恶习：喜欢破坏玩具的孩子，那么他们也会破坏其他的东西，可能养成破坏力强的习惯；而喜欢在玩具身上出气的孩子，可能导致孩子傲慢的坏性格，他们成年后也不会有与别人良好沟通的能力。他们可能会变得一切以自己为中心，无理，甚至毫无理性。

卡尔·威特很少给小卡尔买毫无意义的玩具，他把别的孩子玩玩具的时间都用来教小卡尔读书或观察事物，而且小卡尔本人也乐意这样。小卡尔很小的时候就懂得在书本和自然之中找到乐趣，同时又从中得到了很多书本上没有的知识。

解读经典：

现在市面上的益智玩具琳琅满目，父母千万不要把孩子推给玩具去教育，一味地让孩子处在无所事事之中，让那些玩偶虚耗他们的美好时光，而是应该将玩具当作教育的工具，采用有益的方法，开发孩子各方面的能力。父母可以根据孩子的情况、兴趣、特点、爱好，选择最适合他的玩具，然后引导孩子去玩，利用那短暂的宝贵的时间去开发孩子的智力，这才是玩具的最终效用。

卡尔·威特经典游戏

多变的纸片

适宜年龄：1岁左右。

游戏准备：一些彩色的废纸比如旧杂志、海报等。

游戏开始啦：

1 妈妈把彩色纸放在孩子跟前说："我们来做面条吧。"然后将纸尽量均匀地撕成细条，鼓励孩子也一起撕，撕好的纸条放在玩具锅里。

2 撕完一张纸之后，假装煮面、吃面，妈妈表现出各种吃面的情形，比如吹凉、烫嘴、噎着了等，孩子哈哈大笑之后也会模仿这些动作。

3 跟孩子说："我们来做花瓣雨吧。"然后和孩子一起将彩色纸撕成碎片，再要求他跟你一起把这些碎片全部装入一个瓶子里。

4 装完之后，妈妈站起来，将瓶子倒转，抖动瓶子，让瓶子里的彩色纸片撒下来，边撒边说："下花瓣雨喽。"

游戏提示：在撕纸的过程中，提高孩子的精细动作能力，把纸张做成"面条"和"花瓣"，可以提高他的想象力和创造力。

小贴士

孩子喜欢捡拾破烂，当他这样做的时候，妈妈可以让孩子说说他的想法，不要粗暴地阻止或者扔掉，这些东西在他的眼里有大人根本想不到的意义，这也是创意。

父母应积极与孩子一起玩游戏

卡尔·威特经验：

孩子希望父母跟他一起玩游戏，这不但是孩子非常渴望的事情，对引导孩子在游戏中学习也有积极作用。在教育小卡尔的过程中，卡尔·威特常常感到在游戏之中，父母不仅是一个角色，而且是主谋，要担当指挥行动的重任。父母不能拒绝孩子玩游戏的要求，也不能随意中断正在进行的游戏。这样不仅影响了父母与孩子应有的情感交融，而且打击了孩子参与游戏的积极性。

在小卡尔出生后，卡尔·威特就开始陪着孩子玩游戏，并根据小卡尔的成长设计最适合他的游戏，比如，在敲音乐钟的同时让妻子唱给他听，绞尽脑汁，想出了很多办法和游戏，培养小卡尔的记忆力，当然他取得了很大的成效……可以这样说，小卡尔之所以能够健康成长，并有了今天这些成就，在很大的程度上都归功于这种父母与他一起玩的游戏。

解读经典：

孩子的教育表面上是对孩子，但首先是对父母而言的。比如孩子智力的发展需要父母提供玩具和环境，用创造的方法巧妙地激发孩子的兴趣，让他主动参与到游戏中来；父母在游戏过程中还要不断示范和引导，让孩子在努力尝试和探索中获得心智的发展……这样才能注重孩子的特点，因材施教，不断地激发孩子的潜能，让孩子获得充分的发展。为人父母，应该有这份“闲情逸致”与孩子一起游戏，让孩子在父母的陪伴中，玩出能力。

卡尔·威特经典游戏

光的颜色

适宜年龄：8个月以上。

游戏准备：旧光盘、吹泡泡用具。

游戏开始啦：

1 让孩子观察废旧光盘的背面，告诉他光有这么多颜色。还可以用光盘将阳光反射到暗处的墙壁上，做光的游戏。

2 和孩子一起吹肥皂泡，将肥皂泡吹得大大的，引导孩子观察肥皂泡的颜色也是七彩的。

游戏提示：培养孩子的观察力，让孩子认识光。

小贴士

家中充满了教育孩子的好机会，轻松随意和生活化是家庭教学的最大特色，父母可以与孩子充分一起玩起来，培养他的创造力。

知识卡片游戏让学习更高效

卡尔·威特经验：

卡尔·威特制作了许多小卡片帮小卡尔识字。卡尔·威特在卡片上画上憨态可掬的小动物、房子、树木等，在画面下标出名称，然后把这些卡片贴在小卡尔可以常常看到的地方，以加深印象。卡尔·威特和小卡尔还常常利用这些卡片做游戏、编故事。卡尔·威特制作乘法口诀卡片，把5×7或8×9等写在卡片上，把这些卡片字朝下摞起来，一张一张地往外抽，抽出一张翻过来看，让小卡尔尽快地说出结果，如果他不能马上说出或说的不对，卡尔·威特便说出来，并把说对的卡片拿走。通过这样的卡片游戏提高孩子的记忆力，训练他敏捷的动作和思维。卡尔·威特把小卡尔所有的功课：历史、语言、数学、地理等都编成卡片，和他一起做游戏，小卡尔在这些巧妙的游戏中轻松愉快地学习到了各种知识。

解读经典：

卡片在卡尔·威特的教育中必不可少。学颜色时制作颜色卡片，学语言时制作字母卡片、单词卡片，学数学时的数字卡片，讲故事时的故事卡片，学外语时做了希腊单词和德译卡片，让孩子首先从这些卡片中学会了常见的知识，然后加深记忆。卡片也是游戏的最佳材料。耐心的父母可以根据孩子的成长过程给他制作不同的卡片，这也将是在孩子长大后留有的最佳纪念。市面上也有很多知识卡片供父母们选择，可充分利用起来，值得注意的是，卡片只是孩子学习的材料，更重要的是父母应陪伴着孩子一起学习。

卡尔·威特经典游戏

数字卡片游戏

适宜年龄：7个月以上。

游戏准备：写着数字的卡片。

游戏开始啦：

1 让孩子通过观察卡片熟悉数字，可反复使用。

2 等孩子认识数字后，教孩子唱儿歌："一个、两个、三个小苹果，四个、五个、六个小苹果，七个、八个、九个小苹果，都掉到了地上。"当念到某个数字的时候，让孩子找到相应的数字卡片。

3 准备两套数字卡片，和写着数字的箱子，让孩子将相同的数字投入"信箱"。

游戏提示：数字卡片可以给孩子视觉上的刺激，还可以利用这些卡片设计很多游戏，帮助孩子识字、认物等等，具有很多的功能。

小贴士

卡片可反复使用，妈妈在孩子不同的阶段使用不同的卡片，让孩子玩得更加开心。

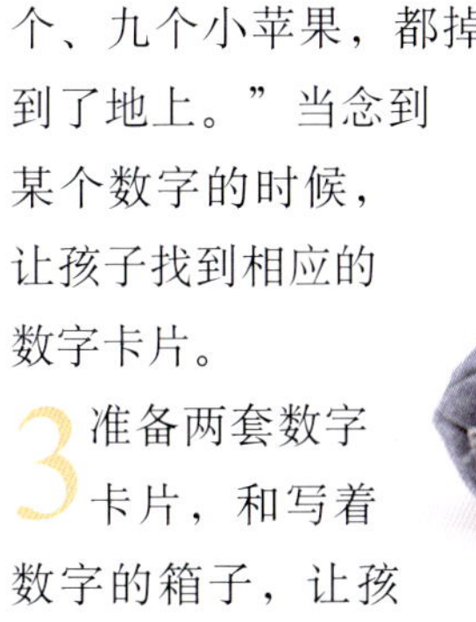

商店游戏练习多种数学方法

卡尔·威特经验：

在小卡尔3岁后，卡尔·威特就经常与他做商店买卖游戏，让小卡尔将数学知识运用于实际。小卡尔的商店物品非常丰富，所卖的物品有用长短计算的，也有用数量计算的，还有用重量计算的，价格是按照实际的价格，钱也是真正的货币。卡尔·威特和妻子常常到小卡尔开办的“商店”买各种物品，用货币交付，小卡尔也按价格表进行运算，并找给他们零钱，就这样在模拟中小卡尔学习到了许多数学知识。

在日常生活中，卡尔·威特也经常带着小卡尔去商店买东西，体验真正的数学。

解读经典：

数学在日常生活中的重要性是不言而喻的，也是独立生活和通向科学的门槛。教1~2岁的孩子学数学，主要是教他认识和比较物体的大小、多少、长短、粗细、高低、深浅、轻重等，认识几何形体，认识时间、空间，认识10以内的数，学会10以内数的加减等。父母完全可以在游戏和生活中，让孩子学到这些数学常识，培养孩子对数字的敏感。商店买卖游戏可以运用到多种数学方法，促使孩子思考。让孩子介绍产品，可能会涉及形状、图形与大小，锻炼孩子的观察比较能力；需要称重时，可以锻炼孩子的手眼协调能力和对重量单位的了解及换算能力；以个为计量的商铺可以锻炼孩子的数数计算能力；收钱、找钱能锻炼孩子的计算能力……这些都是培养孩子良好数学思维的开始，能激发孩子学数学的兴趣。

卡尔·威特经典游戏

蔬菜瓜果排排队

适宜年龄：1岁以上。

游戏准备：根据孩子的月龄准备蔬菜或是水果，刚开始时，可以是孩子经常吃的苹果、橘子等，慢慢再加入西红柿、茄子等蔬菜。

游戏开始啦：

1. 让孩子以颜色分类，把同样颜色的蔬菜、水果放在一起；
2. 让孩子以形状分类，把同样形状的蔬菜、水果放在一起；
3. 让孩子以数量分类，把同样数量的蔬菜、水果放在一起；
4. 逐渐提升难度，让孩子尝试把不同的蔬菜、水果排成一定的图形或图案。
5. 在整个游戏过程中，让孩子大声说出蔬菜、水果的名称、数量、颜色、形状等。

游戏提示：训练孩子的数学思维能力，在教孩子认物的同时，提高他的分辨能力和语言能力。

小贴士

孩子的数学教学也以随时随地进行。带孩子外出，可以指出路边标牌上的数字；坐公交车，教孩子数车窗外的车辆或者车上的人等等。

用游戏教孩子外语

卡尔·威特经验：

在小卡尔刚学会说德语时，卡尔·威特就把“您早”这句话用13国语言教他，然后让小卡尔每天早上对着代表13个国家的13个玩具娃娃，用各国的语言说“您早”，通过这样游戏的方法，小卡尔很快就学会了。

根据孩子爱玩、好动的特点，卡尔·威特和小卡尔利用语言做各种游戏，比如讲故事、说歌谣、猜谜语、比赛组词造句、编动作说谚语、编故事等等。如此生动的学习，让小卡尔刚8岁的时候就学完会了6种语言。

解读经典：

孩子学习语言的能力是惊人的，关键在于是否运用了最有效的教学方法。卡尔·威特这种在各种游戏中教孩子学习语言的方法是最有效的。爱玩游戏是孩子的天性，在游戏中学习可以充分调动孩子的兴趣。在游戏中，孩子们会不知不觉地在动作、故事之中理解各种词汇，从而牢牢地记在脑海里。

语言是生动的，绝不能以填鸭式的方式让幼儿学习语言。孩子是灵活的个体，把孩子放在所谓的“外语学习班”中，以填鸭的方式机械地让孩子又背又念又写，可能是最不经济又没有效率的学习方式了。

卡尔·威特经典游戏

电脑学字母

适宜年龄：1岁左右。

游戏准备：电脑。

游戏开始啦：

1 妈妈跟孩子坐在电脑前面，让孩子认识键盘和键盘上的英文字母和数字。

2 妈妈在电脑上打出“ABCDE”等英文字母，字体大一些，颜色调至孩子喜欢的颜色，让孩子在屏幕上看到一个一个的字母。

3 妈妈一边展示给孩子看，一边告诉孩子这个字母的发音，然后让孩子自己在键盘上敲字母。当然，让孩子看屏幕的时间不要太长哦，15分钟就好。

游戏提示：此时是孩子学习外语的最佳时期，在这时学习外语的好处之一，就是与母语的学习时期相重叠，能够用与学习母语相同的方法学会外语。

培养孩子敏锐的观察力

ξ 卡尔·威特经验：

卡尔·威特时常和小卡尔玩一种“什么不见了”或“什么又来了”的游戏，从小培养他敏锐的观察力。卡尔·威特先让小卡尔看清楚桌子上或盘子里放的东西，并要他尽力记住它们，然后让他闭上眼睛，悄悄地取走或加上一件物品，再让他睁开眼，看看发生了什么变化。有一次，卡尔·威特在小卡尔闭上眼后既没有拿走也没有增加任何一件物品，只是把物品的位置调换了。小卡尔觉得物品肯定被移动了，但又不知道增加或减少了什么。最后，当卡尔·威特告诉他物品并没有增加或减少时，小卡尔很生气，觉得卡尔·威特没有遵守游戏规则，在欺骗他。卡尔·威特告诉他，这个游戏的目的就是为了训练他的观察力，既然不能做出正确的判断，就只能算他输，因为他的观察力不够好。小卡尔记住了这个教训，于是下一次，他不但记住物品还记住了数量。就这样，小卡尔的观察力越来越敏锐了，对某些物体的数量特别敏感。

ξ 解读经典：

卡尔·威特的这个游戏很好地培养了小卡尔的观察力。观察可以为大脑提供大量信息，所以观察力是大脑发展的动力之一，有目的地观察对提高孩子将来的学习成绩，学会正确的为人处世方法是非常必要的。在培养孩子的观察力时，父母的引导非常重要。孩子最初的观察力有限，给了他感兴趣的、有意思的东西，在父母的引导下，可以让他发现更多新鲜有趣的环节，让他有兴趣继续观察下去。卡尔·威特不断地诱导小卡尔用看、听、说、做、尝等方式参与游戏活动，让他养成善于观察的习惯。卡尔·威特还在游戏之中加强对小卡尔的语言指导，促使他用语言作用去分析已感知到的事物，以便有效提高和发展他的观察力。

卡尔·威特经典游戏

不一样了

适宜年龄：6个月左右。

游戏准备：眼镜、饭粒、纸条等可以在脸上做出特别之处的东西。

游戏开始啦：

1 此时的孩子会一直盯着某个人看，观察此人的特别之处。你可以戴着眼镜给孩子看："妈妈有什么不一样？"然后让孩子观察。

2 给孩子洗完脸，给他点上搽润肤油再把他抱到镜子前说："孩子不一样了。"让孩子看看脸上多了什么。

3 将饭粒、纸条等粘到脸上，然后说："哇，不一样了。"让孩子观察你的不同。

游戏提示：对于孩子注意到的特别之处略作强调，可以引起孩子更持久的观察。

小贴士

孩子可能伸手抓你的眼镜，要小心别让他把你抓伤。

游戏开发孩子的记忆力

卡尔·威特经验：

小卡尔的注意力、观察力、记忆力、想象力、操作能力都是通过游戏玩出来的。而对于记忆力而言，卡尔·威特通过和小卡尔玩一种叫“留看”的游戏来达到这一点。每当路过商店的门前时，卡尔·威特就问小卡尔这个商店的橱窗内陈列着哪些物品，并让他在记忆中搜索这些物品。小卡尔能说出的物品越多，他的观察力和记忆力就越得到训练。

为了使小卡尔牢记神话和圣经中的故事，卡尔·威特常常把有关内容缩写在纸牌上，后来教他各国的历史时，也采用了同样的方法。这一方法概括起来就是，起初用讲故事的方法教，而后把它们编成纸牌，采用游戏的方式教。有时卡尔·威特和小卡尔还一起读一本有趣的书，并写出要点帮助记忆。这样，采取一些灵活有趣的办法，促使小卡尔的记忆力迅速发展。

解读经典：

一位科学家说过：一切智慧的根源在于记忆。根据“潜能递减”和“用进废退”的原理，早期教育可以使记忆力发展的空间大大提高。尤其是婴儿时期，每天重复输入相同的词汇，不断地刺激孩子大脑里的词汇库，可以促进孩子记忆力迅速发展。但在训练中，切忌进行机械的训练，而是应该结合孩子的年龄特征和实际水平，编制适合孩子的智力游戏。游戏的内容既不能太容易也不能太难，这样才能起到正面作用。像卡尔·威特对小卡尔那样，当小卡尔在游戏过程中表现出超常能力时，就及时地增加游戏的难度，让孩子快速地进展；如果小卡尔表现不好，卡尔·威特会尽量给予小卡尔更多的关心和帮助来引起他的兴趣，将游戏有效进行下去。

卡尔·威特经典游戏

编成韵文来记忆

适宜年龄：2岁以上。

游戏准备：一些朗朗上口的儿歌。

游戏开始啦：

1 经常给孩子读朗朗上口的儿歌，让孩子熟悉韵文的特点。

2 让孩子背诵熟悉的儿歌，如《小星星》：“一闪一闪亮晶晶，满天都是小星星，挂在夜空放光明，好像许多小眼睛。”

3 然后根据眼前的事物，帮助孩子改儿歌：“一摇一摆扭啊扭，一排小鸭排队走。迈上五彩石子路，好像一串小音符。”然后鼓励孩子创作小儿歌。

4 在以后的学习中，可以引导孩子将一些知识点也串成有韵律的儿歌，方便孩子记忆。

游戏提示：这是卡尔·威特的经典记忆方法，因为韵文比散文容易记，小卡尔很小时候就会把各种事情写成韵文来记忆，锻炼了记忆力。

小贴士

训练记忆力的方法很多，最主要的是引导孩子掌握适合自己的方法，长大后在记忆方面不会感到吃力。

让孩子爱上阅读

卡尔·威特经验：

在小卡尔掌握了一定的词汇量后，卡尔·威特便开始引导他养成读书的习惯，并让他感到读书是一件充满无穷乐趣的事。在带小卡尔参观博物馆、旅游区之前，卡尔·威特都要提示小卡尔先阅读大量有关的书籍，有一个大体的了解，然后再通过自己的眼睛实地接触这些事物，让他通过对比获得大量与直接感知相一致的信息与知识。

小卡尔的语言学习基本上就是一个阅读巨著的过程。卡尔·威特先让小卡尔学习常见单词，到小卡尔能够自己阅读时，卡尔·威特就把一些好的文学作品推荐给他。

卡尔·威特认为一个人喜好什么样的书，往往取决于他第一次读的是什么书，而且幼年时期读的书往往能左右这个人的一生。所以卡尔·威特非常注意书的选择，一方面尽量考虑小卡尔的阅读能力，另一方面为他选择一些对他有益的书。后来，小卡尔不但知识渊博，还成了一个了不起的文学通，他几乎能背下所有的名诗，像荷马、维吉尔这些伟大诗人的作品，他都非常喜爱，并且很早就会写诗。

解读经典：

阅读是相伴人一生的好习惯。父母首先要为孩子挑选合适的书，让孩子产生阅读的冲动，进而爱上阅读。在幼儿时期，为了让孩子了解、认识书，可以给孩子买一些颜色丰富、质地坚硬的画书，此时不必强求孩子学习书中的文字，目的只为了让他喜欢上书，然后与孩子一起阅读书中的故事。刚开始时，不要求孩子会认识字，主要由父母去讲故事。讲故事时，需要语言生动、表情丰富，让孩子有如临其境、如见其人、如闻其声的感觉，这样才能增强故事对孩子的吸引力和感染力，激发孩子去感知、联想和想象。妈妈可以先和孩子一起边指边说出动物、物体、颜色等的名称，然后再进入故事情节，最后引导孩子去读接下来会发生什么，激发他对阅读的兴趣。孩子3岁时，父母就可以经常让孩子读些有图画的儿童书了。

卡尔·威特经典游戏

看图说话

适宜年龄：1岁半就可以尝试玩这个游戏，到3岁后孩子就能根据图画编故事了。

游戏准备：1本图画书。

游戏开始啦：

1 跟孩子一起看图画，妈妈向孩子提出问题，问问他画里都有什么植物、什么动物。

2 让孩子说出他见到图画里的什么动物或植物。如果家里有这种东西（如果看的图是海底世界，可以拿鱼、海带等），拿出来让孩子跟图画对比一下看是否一样。

3 跟孩子一起给图画里的动植物各取个名字，然后跟他说："妈妈现在看不到图画了，你给妈妈讲讲吧。"鼓励他用语言把图画的内容讲出来。

游戏提示：让孩子看图说出内容，由简单到复杂，逐步提高孩子的词汇量和语言能力，而且边看图边描述可以大大提高孩子的想象力。

小贴士

孩子的语言能力是慢慢发展的，刚开始看图说话的时候，只要求孩子说出各种动物、植物的名称即可，以后可以发展到说出它们在干什么，直到孩子能自己编个故事。

卡尔·威特经典游戏

故事表演

适宜年龄：2岁左右。

游戏准备：几本故事书。

游戏开始啦：

1 妈妈从孩子的故事书中挑选出一个情节或一个故事，将人物、故事情节讲述给孩子听，然后把它表演出来。

2 在孩子稍大点时，可以让他自己来选择，当他拿不定主意时，你就帮他决定。

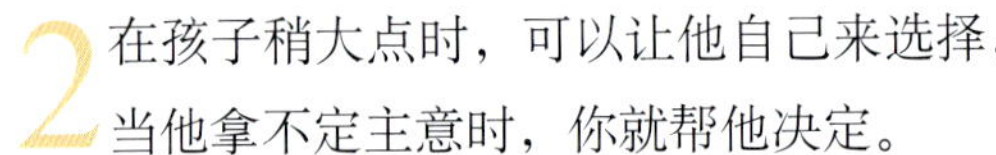

3 孩子表演的既可以是活动的人或动物，也可以是静止的花草树木，即使是一本关于认识机器的书，也可以让孩子决定表演哪种机器：推土机还是自卸货车？让他在地板上爬来爬去，假装用手铲起地上的土，然后坐直，假装把泥土卸掉。

4 表演完，可以让孩子尝试着叙述故事情节或描述他表演的事物，然后再一起阅读故事接下来的发展。

游戏提示：这个游戏可以提升孩子的语言能力和记忆力，对他爱上阅读也很有帮助。

小贴士

如果孩子真的对要表演的内容没有想法，妈妈不要强迫他，引导他去表演即可。

搭房子游戏成就形象思维能力

卡尔·威特经验：

小卡尔小时候就非常喜欢搭房子游戏。在游戏中，小卡尔逐渐对前后、左右、上下、中间、旁边等空间有了认识，形成了高矮、长短、厚薄、轻重、大小等概念。而且由于在着手搭房子之前，脑子里面先要有个形象，于是在这个游戏中也发展了他的形象思维能力。

而且，卡尔·威特为了更好地拓展小卡尔的形象思维能力，在小卡尔玩这种搭房子的游戏时，都要给他很多的帮助。卡尔·威特时常引导他对搭建的对象加以具体的想象，有时还会利用现有的模型、图画去加深他头脑中的形象。这不仅有利于游戏的顺利进行，更主要的是开发了他的形象思维能力。卡尔·威特还积极地为小卡尔的“工作”创造条件，给他讲一些有关结构建筑的基本知识和基本方法，告诉他将木块铺平，怎样去延伸它们，怎样才能达到合理的受力效果，等等。在这过程中，小卡尔会更好地调动潜在的能力，学会有计划、有步骤地进行设计，既有了成就感，也增添了无穷的乐趣。

解读经典：

对于现在而言，积木是搭房子游戏最好的材料。其实，积木是陪伴孩子幼年和童年时期最好的玩具，它可以让孩子从认识形状开始，慢慢搭建更复杂的建筑物。父母可以和卡尔·威特一样，引导孩子建立一个计划，下面搭什么，上面放什么，这些都对培养科学思维大有好处。在建造的时候，孩子需要尝试各种不同大小、形状和空间组合的运用，然后将每块积木摆放在最适当的地方，是学习视觉空间智能的有效技巧。而且，积木的变化多端可以激发孩子的好奇心和想象力，进而培养孩子的创造性。在这种动手游戏的过程中，孩子必须手脑并用，肌肉得到了锻炼，手眼得到了训练，他的动手能力大大增强，手巧而心灵，潜力得以充分地发挥，父母可以充分利用积木，提升孩子各方面的能力。

卡尔·威特经典游戏

搭积木

适宜年龄：8个月以上。

游戏准备：积木一套。

游戏开始啦：

1 给孩子正确地示范：先用大积木垫底，再依次用较小的积木，搭2～4块积木，然后让他模仿着加积木。

2 如果孩子不感兴趣，你可先搭好一个小房子，只让他搭最后一块。

3 在孩子感兴趣后，你用语言在旁边指导即可。

4 随着孩子能力的增强，可指导着搭更复杂的建筑物。

游戏提示：孩子在游戏过程中，还能发挥自己的想象，展现出意想不到的创意。

小贴士

游戏之后，要求孩子把积木收整齐，保持环境整洁。这样不但有利于孩子动手能力的发展，还从小培养了孩子良好的生活习惯。

在角色扮演游戏中体验人生

卡尔·威特经验：

卡尔·威特给小卡尔买了一套厨房玩具，卡尔·威特的妻子就利用这套玩具让小卡尔体验和认知他人的生活。有时候小卡尔会扮演主妇的角色，而让母亲当厨师，让母亲向小卡尔请示各种事情；如果小卡尔下达的命令不得要领，那就失去了当主妇的资格而降为厨师，与母亲交换角色。

卡尔·威特的妻子对卡尔·威特说："这个游戏非常有意思。小卡尔当妈妈时，他就给我下了各种命令，而我故意不好好做或者干脆不做。如果卡尔没有看出来，那他就失去了做母亲的资格。但是，卡尔一般都能看出来，而且还一本正经地给我提意见。那时，我就说：'请原谅，今后一定注意。'有时我故意不认账，这时小卡尔就用我斥责他时所用的语言来训斥我。"此外，卡尔·威特也和小卡尔玩角色扮演游戏，让小卡尔当先生，卡尔·威特来当学生。当卡尔·威特故意把小卡尔讲得很成功的地方说成失败时，他一发觉了就会批评自己的父亲。这不但让小卡尔体会到民主，而且这些游戏让小卡尔提前体验社会，为在他今后生活中减少失败起了一定的作用。

解读经典：

角色扮演游戏有利于孩子体验和认知他人生活。孩子在扮演"爸爸""妈妈"的过程中，可以尝试着从中体会做父母的辛劳，不断地加深对父母的理解。在模仿其他人物和故事情节时，可以满足孩子的好奇心和求知欲；能够训练孩子主动性、独立性和创造性；能够提高孩子的观察力、记忆力、判断力、想象力和创造力，并且能够丰富孩子的内心世界，还有利于提高孩子的语言能力，训练孩子的组织能力。父母应该经常提醒并鼓励孩子观察日常生活，了解各种人物的活动，并为孩子提供一些象征性的玩具，一起参与到游戏中去。孩子接受的信息越多，想象力和模仿力就越强，角色扮演游戏的内容就越丰富。

卡尔·威特经典游戏

今天我来当妈妈/爸爸

适宜年龄：1岁以上。

游戏准备：小锅、小碗等过家家玩具一套。

游戏开始啦：

1 与孩子一起分工，让孩子当“爸爸”或“妈妈”，让他穿上大人的衣服装扮起来。然后一起去买鱼或买水果，把娃娃、大象、狗熊请来当客人。

2 在游戏过程中，可充分发挥，如假装谁吃多了肚子痛，又导演了一幕去看病的游戏。

3 等孩子大些了，可以给他假设场景：假装学爸爸妈妈接电话，或者让他来决定下面的5分钟里，家里人应该做些什么。

游戏提示：充分发挥孩子自己的想象，让他在游戏过程中体验各种不同的人物生活。

小贴士

当孩子作为家长时，让你看到自己一些需要改进的地方，那就别犹豫，赶快纠正吧。

Part 6

引导孩子性格健康发展

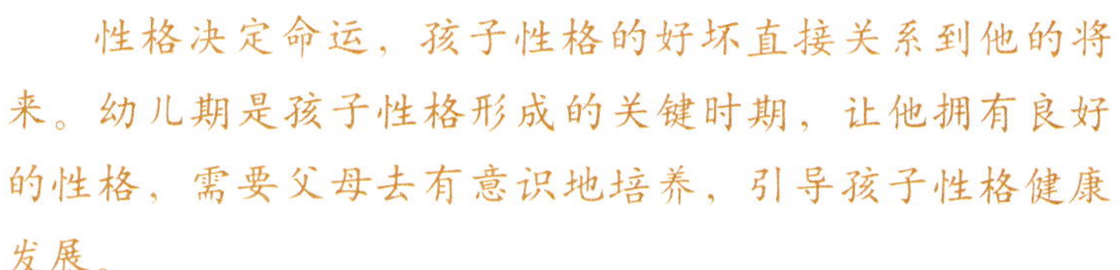

Yindao Haizi Xingge Jiankang Fazhan

性格决定命运，孩子性格的好坏直接关系到他的将来。幼儿期是孩子性格形成的关键时期，让他拥有良好的性格，需要父母去有意识地培养，引导孩子性格健康发展。

性格就是能力

卡尔·威特经验：

卡尔·威特认为，性格就是能力。如果一个人的性格开朗直爽，那么他就很容易被人接受，交往活动范围广泛，就有走向各种人生道路的可能性；如果性格孤僻，他的交往活动就只会在狭窄的范围中，做任何事情都不愿同人们直接配合，结果往往是半途而废，走向人生道路的可能性就一直处于关闭状态。他认为，从某个方面说性格是决定一个人成功的关键。不同的性格并非是天生的，而是在成长的过程中渐渐形成的。卡尔·威特对小卡尔的教育，除了教给他学习知识之外，更是把培养他优良的性格放在很重要的位置。他为了让小卡尔具备各种能力和美德，一开始就从日常生活的点点滴滴对他进行长期的性格培养。

解读经典：

查·霍尔也曾经说过：“有什么样的思想，就有什么样的行为；有什么样的行为，就有什么样的习惯；有什么样的习惯，就有什么样的性格；有什么样的性格，就有什么样的命运。”而这些都是在幼年时期形成的，一个人性格的形成取决于幼年时期所奠定的基础。也就是说，最初几年的生活习惯、家庭环境、父母的态度都是孩子形成某一类性格的关键因素。有时候，这些因素往往起着决定性的作用。父母应营造良好的成长环境，引导孩子形成良好的生活习惯，对孩子的教育坚持原则，让孩子从小养成良好的性格。

卡尔·威特经典游戏

跷跷板，飞呀飞

适宜年龄：1岁以上。

游戏准备：带孩子到有跷跷板的场地玩耍。

游戏开始啦：

1 抱着孩子去玩跷跷板，每次跷起来的时候说“高”，落下去的时候说“低”，让孩子感受高低变化。

2 如果孩子感到害怕，可以让爸爸与玩具坐在跷跷板的另一头，每次跷起来的时候说：“玩具下去了。”落下去的时候又说：“玩具上来了。”爸爸伴随着做出夸张的动作，让孩子觉得非常有趣。

游戏提示：帮助孩子了解方位概念，促进他的观察力，并让孩子勇敢起来。

小贴士

妈妈抱着孩子在跷跷板上的时候，手一定要扶着孩子的胸部，以免他头重脚轻磕到跷跷板上。

发现孩子的个性

卡尔·威特经验：

卡尔·威特认为，每个孩子都是一个独特的个体，他们的适应能力都有所不同。对于孩子的适合程度应该是又能引起他的注意和兴趣而又不至于吓着他。有的孩子荡秋千时开怀大笑，有的则吓得大喊大叫；有的对催眠反应灵敏，有的则毫无反应。因此，父母要善于了解自己的孩子，发现孩子的个性，并根据个性去采用适合他的游戏。

在小卡尔的成长过程中，卡尔·威特一直在仔细地观察他，做到在不使他自尊心受到伤害的情况下去了解他的内心世界，在他有烦恼的时候给予他及时的帮助，尽力做得能够让他时时愉快。就是这样卡尔·威特能完全理解孩子的心情，同小卡尔一起玩耍时，他和小卡尔都从中得到了无穷的乐趣。

解读经典：

发现孩子的个性是父母的素质。孩子的各种各样的个性，从幼儿时期就明显地表现出来。父母应因势利导，从孩子的兴趣出发，让孩子做自己所喜欢的事情，这样不但能让他感到愉快，培养他独特的个性爱好。因此，父母应该仔细观察孩子在日常生活中的表现，及时给予适当的帮助，让孩子放手去做自己喜欢的事情。比如给喜欢画画的孩子提供画画的材料和空间；和喜欢音乐的孩子一起唱歌；给爱运动的孩子买辆三轮车；让喜欢书的孩子自己挑选书等等，让孩子从兴趣出发，在学习中享受到真正的乐趣。

卡尔·威特经典游戏

从玩具看孩子的性格

适宜年龄：2岁，会自己选择喜欢的玩具后。

游戏准备：各式各样的玩具。

游戏开始啦：

1 偏爱毛绒类玩具，通常是感情丰富、细腻、依恋、温情的孩子。毛绒玩具既可当作玩具，也可以视为伙伴，对孩子有安慰、稳定情绪的作用。

2 偏爱拼装玩具，通常孩子好奇心强，容易被吸引，注意力保持较久，做事比较有耐性。拼装玩具需要孩子脑、手、眼配合，锻炼其动手能力和协调能力。

3 偏爱运动型玩具，比如说：球、车、枪、剑、棍、棒等物。这类孩子“不安稳”，从小好动，经常做出踢、跑、跳等动作。他们通常精力充沛、胆量较大，对内心的情绪不加掩饰，是个活泼的孩子。

游戏提示：不同年龄的孩子心理发展水平不一，选择玩具及玩法自然不同，你可以有意识地给孩子更多的玩具选择机会，让孩子在愉悦的氛围中进行适当的改善性格，但切勿给他太大的压力。

小贴士

2岁的孩子专注力比较低，往往喜欢一种玩具的时间很短，妈妈可以一次拿出几件让孩子玩，待他厌倦了再换其他的玩具，保持孩子对玩具的兴趣。

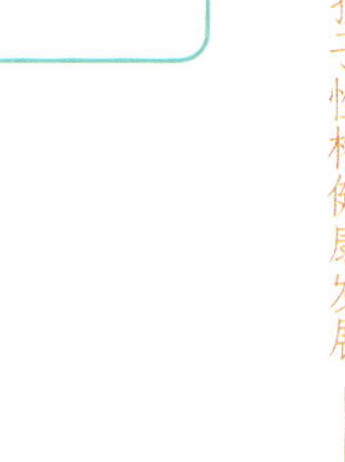

培养孩子乐观开朗的性格

卡尔·威特经验：

有一天，卡尔·威特看到小卡尔独自一人忧伤地坐在院子里出神，于是蹲在他的面前问他发生了什么事。刚开始小卡尔一言不发，卡尔·威特耐心开导："儿子，爸爸最爱你了。你有什么事不应该瞒着我。你每次有困难不都是爸爸帮助你的吗？爸爸对你最大的希望，就是想要你成为一个快乐的人。其实，无论什么问题都能解决，只要你有一颗快乐的心。"小卡尔终于说出了他的忧虑："农夫儿子肯特尔嘲笑说我不够健壮，说我不是男子汉。"小卡尔身体非常健康，但确实算不上一个非常强壮的孩子。于是卡尔·威特给他讲述关于男子汉的道理："卡尔，一个男子汉并不只是身体强壮。真正的男子汉需要有智慧，有坚强的毅力，并且敢于承担生活中的一切困难和挫折，应该有超人的勇气。你现在还是个孩子，就已经掌握了那么多的知识，又懂得那么多的道理。等到你慢慢长大，这些知识和道理就慢慢会转化成智慧。而且，从我的眼光来看，你一直是个勇敢的孩子。虽然你的身体在孩子中不算是最强壮的，但也很健康。肯特尔是个农夫的孩子，每天要帮助家里做很多活儿，而且他的年龄比你大，他比你健壮是很正常的。我想，等你再长大一点，平时又坚持锻炼，以后肯定会比他更强壮的。肯特尔这样对你说话是非常不礼貌的行为，你干吗要理会他呢？还有，你作为一个男子汉最重要的就是要有独立的头脑，这样才不会轻易被别人的评论所干扰。"

小卡尔听到卡尔·威特这样说，顿时欢欣鼓舞起来。起初的烦恼是由于听了别人的评价而对自己某个方面产生了自卑感，而他想通了其中的道理后，自信心又重新被找了回来。

解读经典：

父母要善于观察孩子，发现孩子存在的问题，并想办法与孩子沟通，尽力解决孩子的问题，不让他把不高兴的事闷在心里，让他成为一个开朗而快乐的人。

卡尔·威特经典游戏

做鬼脸

适宜年龄：1岁左右。

游戏准备：回忆几个鬼脸，把手放在眼睛上当眼罩、在嘴巴上画胡子，上拉嘴角、下拉眼睛，模仿小动物的样子等都可以。

游戏开始啦：

1 在孩子看不见的地方叫他："宝宝，看妈妈。"孩子转过脸之前，妈妈瞪着眼睛，使劲鼓起腮帮子，然后将孩子的两只小手放在腮帮子两侧，轻轻地挤压腮帮子，然后往外吐气。

2 当孩子惊愕发愣的时候，让他去摸你的鼻子，当他摸到鼻子时，你使劲皱眉，缩紧鼻子上部的肌肉，他肯定会非常开心。

3 孩子可能会模仿你做鬼脸的方式，满1岁时，孩子可能会学会1~2个鬼脸。每当孩子做鬼脸，妈妈就要大笑或者假装惊吓，让孩子有成就感。

游戏提示：乐观开朗的人总是有办法让自己从负面情绪中解脱出来，这个游戏可以让孩子学到这种积极的做法。

小贴士

你可以假装哭泣，爸爸让孩子哄哄妈妈，帮孩子做几个鬼脸，妈妈看到鬼脸就笑起来，让孩子体会到鬼脸的魅力。

做一个独立的自我

卡尔·威特经验：

一个拥有独立自我性格的人更加快乐。想得到别人的重视是一个人的天性，但这种重视并不能通过祈求得来，卡尔·威特从小就让小卡尔体会到乞求不可能得到欢乐。小卡尔哭泣时，在了解小卡尔不饿、没有危险的情况下，卡尔·威特和妻子并不是一听到孩子哭就急忙跑过去看他，而是让小卡尔先哭一会儿，明白祈求不来父母的安慰后自己玩耍，让小卡尔感觉到赢得别人重视是啼哭和哀求所办不到的，更重要的是，在得不到别人重视的时候自己也应该为自己找到快乐。

解读经典：

拥有独立自我的人更容易获得别人的尊重。有的人通过自己的天赋获得别人的重视，也有的人通过自己的努力得到别人的尊重，这样的人是应该获得尊重的。但也有许多人由于急切地想得到别人的重视而采取乞求施舍的态度，或者做出一些故意的行为引起别人的注意，这种做法不但得不到别人尊重反而会引起他人的反感。所以，在孩子幼小的时候就要养成他独立的性格。当他用哭泣或发脾气想引起你的注意时，不要一味迁就孩子，而是让他知道，有时候祈求什么也得不到，只能依靠自己找到快乐，这样才能形成更加自我的个性。

卡尔·威特经典游戏

孩子自己来洗手

适宜年龄：1岁半左右，在已学会自己开关水龙头、擦手的前提下，教孩子学会自己洗手。

游戏准备：将孩子的衣袖卷上，和孩子一道在水龙头下洗手。

游戏开始啦：

1 让孩子自己拧开水龙头，将手淋湿关上龙头。你再示范如何抹肥皂，将双手来回搓洗，一边教孩子念：指甲缝、指尖、指间缝、手心、手背，再教孩子用水将手上的肥皂沫完全冲净就可以啦。

2 最后关上水龙头，让孩子用自己的毛巾将手擦干。寒冷的冬季不要忘记给孩子涂上护手霜。

游戏提示：培养孩子的精细动作能力和自理能力，为他的独立打下基础。

小贴士

在日常生活中，凡是孩子能自己做的事，一定坚持让他自己来。在生活中教给孩子各种知识、方法和技巧，同时注意培养他爱整洁、讲秩序和热爱劳动的好习惯。

艺术修养让生活充满情趣

卡尔·威特经验：

有一次，小卡尔一个人蹲在地上涂鸦。卡尔·威特问他："卡尔，你喜欢画画吗？"小卡尔回答："是的，画画很有意思。""可你为什么画画呢？""我也不知道，就是觉得这里的田野很美，总想把它画下来"。卡尔·威特继续问："那你想不想当一个画家呢？""我没有想过，可是画画太有意思了。我在画画的时候看见天上的白云在不停地变动。"

卡尔·威特非常高兴小卡尔这么说。卡尔·威特认为他不一定要把小卡尔培养成艺术家，可是画画的确在培养小卡尔的观察力，激发他的创造力。后来卡尔·威特给他买了画笔和纸张，尽量去给他提供培养这种爱好的条件。

小卡尔的乐趣还可在阅读和音乐中找到。不过，卡尔·威特培养小卡尔绘画、音乐、文学方面的兴趣并不是为了在人前炫耀，也从来不想把他培养成某一方面的天才，从来没有把他的才能向别人过分地流露，他只是想让小卡尔能够成为一个接受完美的人，让他的一生在充满情趣和幸福之中度过。

解读经典：

诗人歌德曾说过："为了不失去神给予我们的对美的感觉，必须天天听点儿音乐，天天朗诵一点儿诗，天天看点儿画儿。"一些艺术会让人的生活更加丰富。父母不能要求每个孩子都成为画家、音乐家和诗人，也没有必要，但对艺术的鉴赏能力会让孩子更幸福。没有任何艺术的生活，就如同荒野一样。有人说，善于唱歌的人比不会唱歌的人寿命长，这是由于善唱者心情总是快活的。即使是神经质的孩子养成唱歌的习惯，也会快活起来。即使自己不会，起码也要会欣赏。因此，为了使孩子的一生幸福，生活内容丰富多彩，父母有义务使他们具有文学和音乐的修养。

卡尔·威特经典游戏

涂鸦

适宜年龄：1岁半左右，手腕很灵活就可以涂鸦了。

游戏准备：一盒彩色笔和几张大白纸。

游戏开始啦：

1 把纸和笔放在地上，先拿着笔在纸上画一道，然后交给孩子，孩子就会自己开始涂画了。

2 当孩子能够画出线条了，妈妈可以和孩子一起画，妈妈在白纸的某个方位上画一道，要求孩子也在他的白纸同一个方位上画一道："妈妈在白纸的左上角画了一道，孩子也要在左上角画一道。"逐渐发展到让孩子跟着妈妈画图形，三角形、四边形、五边形都行。

3 孩子涂画时你可以问问孩子："画的是什么呀？可以跟妈妈讲讲吗？"如果孩子说不出什么，妈妈就可以这样问："画的是太阳吗？画的花儿真漂亮！"这样做可以让孩子了解画是可以用来表现事物的。

游戏提示：喜欢涂涂画画是孩子的天性，涂鸦可以锻炼孩子小肌肉动作的准确性，培养孩子对美的欣赏力。

小贴士

孩子的涂鸦也可以什么都不是，妈妈就放任他去自由发挥吧。

不要吓唬孩子

卡尔·威特经验：

卡尔·威特给小卡尔讲很多故事，有时也讲神话故事，但卡尔·威特总会给他强调神话故事不是真实的，是人们编造出来的。在故事的选择上，卡尔·威特都是注意给他讲一些光明的、积极向上的英雄故事，目的在于通过故事教会他一些人生道理，比如勇敢、坚定等等。

卡尔·威特从来不用可怕的故事吓唬孩子。他认为用恶魔和幽灵等吓唬孩子是非常有害的，这样会使孩子满脑子充满恐怖的故事，当他们承受不起时有可能会精神错乱，有的人因此而终生怯懦、胆小怕事。因此，应当让孩子知道世界上没有什么可怕的东西。

解读经典：

在孩子的成长过程中，孩子的独立性不断增强的同时，他对世界还充满着恐惧，如对黑暗的恐惧、对陌生环境的恐惧及经历过不好事情的恐惧等，这些恐惧都会阻碍孩子的好奇心和探索精神，阻碍孩子独立性的发展。有的妈妈在哄孩子睡觉时，常常吓唬孩子："再不睡觉，大老虎就要来吃你了！"在孩子哭时："再哭！再哭大灰狼来了吃了你！"孩子信任父母，父母说的话他们都信以为真，会更加强化孩子的恐惧，从此孩子会更加胆小和依赖妈妈。父母要做的是注意引导，讲述黑暗中动物睡觉等故事，孩子了解了自然就不会怕黑暗。所以，在孩子的幼儿时期，特别是1岁1个月～1岁6个月时，父母要充分保护好孩子，不能让孩子受到惊吓，以培养孩子的独立人格。

卡尔·威特经典游戏

室内沙滩

适宜年龄：1岁左右。

游戏准备：一个盘子，或其他大个的、相对较浅的容器；沙子；报纸；一些挖沙的玩具或厨房用具。

游戏开始啦：

1 在厨房的地板上铺上报纸，然后把装满沙子的浅口盘或其他浅容器放在上面。有条件的话，可以在阳台上做一个架子，注入适当高度的沙子，约占架子1/3容积，做成更大的室内沙滩，孩子就可以随时玩个痛快了。

2 给孩子一些挖沙的玩具或厨房用具，小号的滤网（漏勺）和筛子最好，还有量杯和勺子，你也可以与孩子一起用小铲、小桶、模子等搭城堡、建隧道，挖出一条Z形或S形的小河道，并让孩子编出一个公主或探险的故事等，提高孩子的语言能力。

游戏提示：玩沙游戏是每个孩子都喜欢的游戏，可以锻炼孩子精细动作和想象力。

小贴士

在孩子不听话时，妈妈千万不要吓唬孩子说："再不听话怪物就要把你抓走了！"在孩子丰富的想象中，这是可以实现的，会加重孩子对黑暗或未知事物的恐惧。

有想象力的孩子更容易幸福

卡尔·威特经验：

有人认为神话没有任何价值，予以排斥，但卡尔·威特却非常欢迎它们。卡尔·威特认为神话可以激发人的想象力，同样是眺望天空的星星，懂得神话的孩子的感触与不懂神话的孩子就完全不一样。为了发展小卡尔的想象力，卡尔·威特从不排斥给小卡尔讲仙女的故事，卡尔·威特经常给他讲传说和唱儿歌，让他知道大自然是仙女居住的可爱世界。卡尔·威特还给小卡尔讲述自编的故事，进而让他自己讲述自编的故事，并鼓励他把故事写成文章，激发小卡尔的想象力。

有一次保姆对卡尔·威特说："先生，您的儿子有些怪，他好像是在和幽灵玩。"其实，这是卡尔·威特和小卡尔交的想象中的朋友，一个叫内里，另一个叫鲁西。当卡尔·威特和小卡尔两个单独在一起时，他们就请出这两个想象中的朋友，想象着四个人一起玩。这样小卡尔在任何时候也不感到无聊、苦恼，非常快乐。

解读经典：

想象往往代表着希望，有希望就有了幸福，卡尔·威特认为，我们的幸福有一半以上靠的是想象，不会想象的人是不懂得真正的幸福的。凡是年幼时充分发展了想象力的人，当他遭到不幸时也会感到幸福；当他陷于贫困时也会感到快活。所以说，世界上最不幸的人就是不善于想象的人。

孩子生来对所有事情感到好奇，充满了丰富的想象，从家庭里撵走仙女和想象中的朋友，就如同撵走伴侣和抛弃玩具一样，对孩子来说是残酷无情的。父母不妨多问问孩子的想象中的世界，教孩子一些富有积极意义的神话、传说，不但可以激发孩子的想象，还可以从故事中了解有关道德的一些初步知识，让他们分清善恶，从中学到很多做人做事的道理。

卡尔·威特经典游戏

有样学样

适宜年龄：2岁以上。

游戏准备：一面大镜子或者商店里的橱窗。

游戏开始啦：

1 站在大镜子或橱窗前面，与孩子并排站好，妈妈先做几个简单的动作：吐舌头，伸个胳膊，看孩子是否模仿你的动作。

2 也可以在孩子做动作的时候，你来模仿，他可能一时半会想不起什么动作，你就看到孩子做什么动作就模仿什么动作，直到他意识到你已经在模仿他了，他就会起劲地做动作了。

3 妈妈可以一边看动画片一边模仿动画角色，孩子很快也会学你的样子模仿了，而且会越来越像。

游戏提示：动画片是孩子童年的重要部分，妈妈可以充分利用起来，加入模仿或者复述故事等内容，激发孩子的创造力和想象力。

小贴士

父母可以和孩子一起扮演动画片里的角色，然后分角色表演各片段，渐渐的，孩子的表演会越来越惟妙惟肖。

尽量保护孩子的自尊心

ξ 卡尔·威特经验：

卡尔·威特曾认识一位父亲，他对孩子的教育可以说是尽心尽力，尽量让孩子得到最好的条件，然而，在为孩子创造如此优越的成长条件的同时，他却忽略了孩子自尊心的培养。他始终把孩子当作完全不懂事的人，任何事情都武断地帮孩子做主，既不信任孩子，也不鼓励孩子信任自己。他时常不许孩子这个也不许孩子那个，有时还把孩子当坏人对待，常常监视孩子的一举一动。孩子在父亲的压力之下，渐渐失去了做人的信心，总认为自己是个无能和永远犯错误的人，到后来，这个孩子的自尊心就完全消失了，成了一个懦弱的人。

卡尔·威特素来以严格教育出名，但他始终重视小卡尔的自尊心，无论是有意还是无意，尽量不在任何情况下伤害他的自尊心。卡尔·威特即使在小卡尔年龄很小的时候，也把他当作成年人来看待，吃饭聊天，或谈论一天的见闻，在日常生活中，无论在学习上还是在生活琐事上，都非常尊重孩子的意见。

ξ 解读经典：

当孩子的自尊心受到了伤害之后，他便会很快地变成一个懦夫、一个无能的人。不要以为孩子小就什么都不懂，他们更需要父母平等的对待。在日常生活中，不能过度保护、照顾孩子，也不能过分娇惯他。在2岁左右就可以给孩子一些自主权利，父母不要一手包办，要让他有机会管理自己的生活，安排自己的学习等，放开手让孩子多体验，接触更多变的环境。当孩子为父母做了一些事，父母要说谢谢；孩子有要求，要认真体会或倾听，不随便打断孩子的话，让孩子感受到尊重。在教育孩子时，需从正面阐述自己的意见和认识，而非给孩子否定性评价。不要对孩子说："你是个不听话的孩子，你这样妈妈不喜欢你了，你不改正，妈妈就不答应……"这种话语都会伤害孩子的自尊心，也可能让孩子认为妈妈不再爱他了，并由此产生不安全感，使孩子的情感发展出现障碍。请记住，父母的正面评价比否定性评价更能让孩子接受。

卡尔·威特经典游戏

替娃娃更衣

适宜年龄：1岁半左右。

游戏准备：可以更衣的娃娃一个，娃娃衣服几件供宝宝练习。

游戏开始啦：

1 给孩子娃娃，然后让他提出给娃娃换衣服的理由，如要上街、要洗澡或天气冷了要加厚衣服等等，让孩子练习给娃娃更衣。

2 如果开始有困难，你先帮助孩子给娃娃脱去一只袖子，其余由他自己想办法完成。

3 平时如果孩子坚持自己穿衣服，可又穿得太慢，你千万不要擅自代劳。如果你有的是时间，就让孩子自己穿好了。

4 如果时间太紧，告诉孩子你很为他想要自己穿衣服而感到自豪，但是今天特殊，你们得快点行动，让他知道他下一次可以自己穿衣服，不是因为他不能做，维护他的自尊心。

游戏提示：孩子做这些事情时，可以练习穿、脱衣服的步骤和每一个细节，他不但玩得高兴，得到了锻炼，又满足了他的自尊心。

小贴士

让宝宝自己穿、脱衣服，是培养他生活自理能力的一个重要内容。从宝宝2岁开始，应满足他想自己穿脱衣服的要求，培养他的自理能力。

教孩子学会换位思考

ξ 卡尔·威特经验：

小卡尔3岁时，有一次大家正聊天，家里养的一条小狗跑了进来。小卡尔一把拽住小狗的尾巴，把它拉到自己身边。卡尔·威特看到后，立刻伸手揪住小卡尔的头发，拽住不放。小卡尔吃了一惊，把拽着狗尾巴的手放开了。在小卡尔放手的同时，卡尔·威特也把手放开了。小卡尔感到很委屈，于是卡尔·威特问他："你喜欢被人拽着头发吗？" 小卡尔红着脸说："不喜欢。""如果是这样，那么对狗也不应当这样。"小卡尔点点头。

卡尔·威特之所以这样教育小卡尔，是为了让他能够站在他人的立场上来考虑问题。由于卡尔·威特严格的管教和指导，终于使小卡尔成了一个心地善良、富有爱心的人。他不仅对同胞怀有深情，就是对鸟兽之类也富于怜悯心，最终成为一个能够得到别人尊敬和喜欢的人。

ξ 解读经典：

小的孩子也许没法明白爱心的意义，但父母可以教孩子学会换位思考，以自己的体会来学会怎样对待别人，比如说，要是孩子打了一个小朋友，父母就可以对他说："你打人，小朋友会疼。你可以这样轻轻地摸摸他，感觉怎么样？"随着孩子的成长，你的话总会对他产生影响。为了让孩子成为一个善良、富有爱心的人，父母在日常生活中应善加引导。当孩子做出充满善意的举动时，要告诉他做得对，而且说得越具体越好："你把你的玩具车给小朋友玩，真是太大方了！你看他多高兴啊！" 父母自己做善事，是培养孩子同情心最好的办法。送衣服给当地慈善机构时，你可以让孩子帮忙打包。父母在付出爱心时，可以简单地跟孩子解释一下：人们有时会生病，生活不能自理，或者他们有时就是需要额外的帮助，我们应该给他们关心和帮助，这样可以让孩子对爱心有个初步的了解。

卡尔·威特经典游戏

跟小狗做朋友

适宜年龄：1岁半左右。

游戏准备：给孩子养只小狗或者带他到邻居家去看看小狗。

游戏开始啦：

1 家里养了小狗，妈妈要告诉孩子小狗是他的好朋友，小狗也会痛，孩子不能做掐小狗、揪狗毛等伤害小狗的事，让他学会温柔对待小狗。

2 小狗在睡觉的时候，妈妈指给孩子看："看，小狗睡觉了。嘘，我们不要打扰它，让它好好睡吧。"妈妈这时候还可以抱着孩子坐在小狗对面给小狗唱个儿歌，让小狗睡得更香。

3 如果孩子怕小狗，妈妈则要多鼓励他近距离接触，让孩子摸摸小狗的皮毛，让小狗舔舔孩子的脸等，消除孩子的惧怕情绪。

游戏提示：孩子天生喜欢小动物，让他和小动物做朋友，与小动物分享美食能充分激发他的爱心。

小贴士

让孩子谨慎接触不熟悉的小狗，预防孩子被小狗咬伤。

不断夸奖孩子的良好行为

卡尔·威特经验：

卡尔·威特在对小卡尔的教育过程中，发现良好的行为在得到不断夸奖时，这一行为就会不断重复而形成好的习惯。他曾经对其他的孩子做过一些研究，发现对于孩子好行为的夸奖越早越好，孩子年龄越小，实施起来效果越明显，也越容易，当孩子进入少年时代，这种夸奖就有一定难度了。在夸奖方式上，卡尔·威特主张夸奖孩子具体的行为，而不是孩子的情感。“你真是个好孩子”这是情感，“谢谢你帮妈妈拿筷子”这是具体的行为，对孩子行为的夸奖是越具体越好，而且在夸奖时，一定要郑重，不能过于随意。如果太随意，那么孩子就无法明确地知道因为什么行为而夸奖他。卡尔·威特总是在小卡尔表现出良好行为时给予夸奖，并且告诉他因为什么事而得到夸奖，就这样让小卡尔将良好的行为形成习惯。

解读经典：

父母关注什么行为，这种行为就会逐渐形成孩子的习惯。孩子的良好行为并不是与生俱来的，如果孩子良好行为得不到及时的夸奖，孩子的心理不会增加印象，良好的行为就慢慢停止了。因此，在孩子表现良好的时候，一定要给予夸奖，强化孩子的好行为。与之相对的是，父母要学会淡化孩子的不良行为。有些父母错误地认为，关注孩子的坏行为，对孩子进行惩罚，可以制止不良行为的发展，这样做的结果非但解决不了问题，而且会产生更大的副作用。对孩子来说，这种惩罚似乎是一种奖励，因为这一行为引起了父母的重视，他们往往在这些行为上的印象更深。孩子往往会选择引起父母注意的行为，而不愿选择父母毫不理会的行为，这就是不少孩子爱恶作剧的原因。因此，父母应该多加关注孩子好的一面，发现孩子的长处，对良好行为给予及时、恰当的奖励，而对不良行为采取漠然处之的态度，让它没有加深印象的机会。

卡尔·威特经典游戏

夸奖让孩子愉快做事

适宜年龄：1岁左右。

游戏准备：在发现孩子好行为的时候。

游戏开始啦：

1 在孩子开始学洗手、穿脱衣服、自己吃饭等行为时，妈妈不要横加干涉并要及时地夸奖他："宝宝会自己洗手（穿衣服、脱衣服、吃饭）了，真棒！"

2 当孩子和别人分享了自己的玩具，并且和小朋友玩得很好时，称赞他，让孩子将被夸奖的愉悦与跟小朋友分享玩具联系起来，让孩子记住将来也要这样做。

3 其他需要夸奖孩子的情况。

游戏提示：孩子对夸奖特别来劲，如果妈妈想让孩子做自己期待的事时，可以用夸奖来引导他。

小贴士

妈妈应联系孩子具体做的事情来夸奖，如果对孩子的一举一动都赞不绝口，夸奖的话听起来很快就会变得空洞而没有意义。

引导孩子不迷信权威

卡尔·威特经验：

当小卡尔问到卡尔·威特也不懂的问题时，他会向小卡尔承认。比如，有一次小卡尔问到天文学方面的问题，卡尔·威特就干脆老实地回答说："这个爸爸也不懂。"于是两个人就一起翻书，或者去图书馆查阅资料，一起把那个问题弄懂。找到答案后，卡尔·威特还向小卡尔表示感谢："如果不是你今天提问，爸爸至今也没弄懂这个问题呢。所以你以后要多多提问，我们一起来学习知识。"在这样的鼓励下，小卡尔的问题果然源源不绝。

卡尔·威特从不认为由于自己比小卡尔懂得多，就有资格充当权威的教育方式，给了小卡尔充分的自信。等小卡尔再大一点，懂得的知识更多一点，他再提出问题时，卡尔·威特即使自己知道答案也不再立刻给出，而是让他先思考一下，尽力自己去找出答案来。如果小卡尔的答案不同，卡尔·威特也并不一口否定，而是帮他分析，找出错误。有时候卡尔·威特会说："其实你的答案也有道理，也许是爸爸错了，我们去看看书上怎么说吧。"这样也给小卡尔灌输了不迷信权威、追求真理的精神。

解读经典：

父母是人而不是神。父母们常犯的错误，就是当孩子问出一个他们答不上来的问题时，为了保住面子，随便给出一个错误的答案，甚至以权威压制孩子："我说这样就是这样！"受到权威的压抑，孩子的辨别能力就会萎缩。如果没有辨别能力，也就谈不上有独特见解和首创精神。不仅如此，它还会形成孩子病态地接受暗示的心理。久而久之，在权威压抑环境中成长的孩子，他们精神上就会产生种种缺陷。所以说，为了培养孩子的辨别能力，不论在教育中还是在行为指导上，都不应该用不准反驳的权威去压抑他们。

父母应真正放下身段，给孩子讲清楚道理，从内心尊重孩子，不要再用命令的口气跟他说话，将他当作成人一样给予尊重，与孩子一起去找寻自己不知道的答案，让孩子自己做决定。如果孩子的年龄足够大，表达能力没有问题，也可以让孩子自己提出解决方案或替代办法，这样能训练孩子的独立性和提高他的决策能力。

卡尔·威特经典游戏

水枪大战

适宜年龄：1岁半左右。

游戏准备：一把简易的喷水枪或其他能喷水的玩具。

游戏开始啦：

1 让孩子坐在暖和的洗澡水中，拿出喷水枪，装满温热的洗澡水，然后对他说："妈妈要往你的小肚皮上喷水了！"再轻轻地喷水，同时说："我在往你的肚皮上喷水呢！"

2 接下来对孩子的胳膊、腿、后背、肩膀及其他各身体部位，重复上面的对话和动作。

3 等孩子大点后，找个温暖的时候，与他一起玩场水枪大战吧。你喷喷我，我喷喷你，他一定会玩得很开心的！

游戏提示：可以让孩子认识自己身体的各个部分，增强他的触感，在和你水枪大战的同时，他体会到平等和尊重，对孩子不迷信权威有一定帮助。

小贴士

为了安全起见，让孩子坐在浴盆中时，需要父母的严密看护，并在洗澡时再把水枪拿过来，不要让孩子在无人照看的情况下独自拿到玩具。

忽视孩子的哭闹要挟

ξ 卡尔·威特经验：

有一次，小卡尔想吃一块点心，卡尔·威特因为小卡尔刚吃晚饭就没有给他。小卡尔发起脾气来，他躺在地上，大哭大闹。他的母亲看不过去了，连忙答应了他的要求。小卡尔的哭闹取得了胜利，他得到了那块好吃的点心。当时，卡尔·威特并没有说什么，但他在事情过后和妻子谈到这件事，并告诉妻子这件事情的严重性：由于他知道哭闹能得到他想要的东西，他还会哭闹，长大之后，他的能力、他的方式就不仅仅是哭闹了。那种无礼将不只是针对他的母亲，还会针对其他的人，他会以无礼的方式要求其他的人也来满足他的要求。如果孩子长到了十四五岁，仍然以这样的方式对他的话，他将会变成一个蛮横无理的人。

妻子同意了他的看法，在以后的日子里，即便小卡尔再怎样哭闹，他也不会得到他不应该得到的东西，不管是食物还是玩具。

ξ 解读经典：

孩子的感情表达方式对他的性格有很大的影响。对于0~3岁孩子来说，哭闹是他唯一的宣泄方式，也是他“要挟”父母索要某些东西的最重要的手段。这时候，父母应采用不理睬的方式，并应该明确地告诉孩子，通过这种方式得不到任何东西。当孩子用带着哭腔的话语表达自己的请求时，父母应态度坚决，让孩子好好说出自己的请求，而非用哭闹的方式，久而久之，孩子自然会发现用发脾气来“要挟”并不管用，并放弃这种做法。这样对培养孩子的自制力也有很大作用。

还有一种做法，就是在孩子哭闹之前明确地告诉孩子你希望他怎么表现，比如在去公园的路上就告诉他，进公园之前必须和妈妈手拉手，不能乱跑；吃饭之前好好吃，不能边玩边吃……这样在没有发生任何事情的时候，就跟孩子约法三章，当孩子表现好的时候给予夸奖和鼓励，比发生情况再惩罚效果要好。

卡尔·威特经典游戏

把玩具送回家

适宜年龄：1岁以上。

游戏准备：洋娃娃、积木和小汽车等玩具若干。

游戏开始啦：

1 对孩子说："宝宝有家，每个玩具也有自己的家，你知道洋娃娃、积木、小汽车的家在哪里吗？"然后和孩子一起看看洋娃娃、积木和小汽车的家在哪里，并记住它们各自的位置。

2 将洋娃娃、积木和小汽车拿出来玩一段时间后，对孩子说："洋娃娃、积木和小汽车都很喜欢和宝宝玩，但它们已经玩累了，请你将它们一一送回家吧。"

3 当孩子将每一个玩具归位时，你可重复一下它们各自的位置，强化他对位置的记忆，同时要及时表扬孩子。

游戏提示：培养孩子的自理能力，增进孩子与他人合作、沟通的能力。

小贴士

在要求孩子收拾玩具后，不要因为孩子哭闹就放弃要求自己收拾，这会让孩子形成"只要一哭就不用按照要求来做"的坏习惯。

维护孩子的荣誉感

ξ 卡尔·威特经验：

卡尔·威特认为，对于孩子来说，得到别人、特别是父母的肯定，对孩子的心理健康发展具有重要意义。因此，他特别反对当着众人，特别是小卡尔的小伙伴的面数落他，因为这会让他感到面子尽失，羞愧难当，容易使之成为别的孩子羞辱他的把柄，久而久之会形成不良的心理障碍，影响孩子的健康成长。在小卡尔犯错误时，卡尔·威特总是心平气和，以最简单的方式让他明白道理，而不是长篇大论和喋喋不休，也不会像其他父母那样总是使用“不准这样”“不要这样”“不行”这些消极的、否定的词语，因为这些语言容易使孩子觉得自己一无是处，会增加他的消极情绪。卡尔·威特总是用积极的、肯定性的语言，给小卡尔以明确的行为指导，增加他的积极情绪，这样做往往会收到较好的效果。

ξ 解读经典：

任何人都需要得到别人的肯定和赞扬，这是人之常情。孩子在这方面表现出来的欲望往往比成年人更加强烈。因此，在教育孩子的过程中，父母切忌用简单蛮横，以成年人单方面的思维去对待孩子，甚至动不动就怒火冲天、对孩子责打频繁。教育孩子是一个最需要耐心的工作，无论是孩子做了好事或坏事，都应该竭力做到心平气和，用一种平静的心态去对待他，并用“这样做”“努力去做”这些积极的、带有鼓励性的语言去激励孩子，在维护孩子荣誉感的同时去解决问题，让孩子得到应有的教育。

卡尔·威特经典游戏

赢大小

适宜年龄：1岁半以上。

游戏准备：准备一套套筒玩具，按照大小依次写上数字，最小的写1，最大的写6，再准备一些小红花作为筹码。

游戏开始啦：

1 将套筒和小红花平均分开，妈妈和孩子各拿一半，告诉孩子比赛规则，每人任出一个套筒，大的赢。

2 如果孩子出了3，妈妈出了5，妈妈就用自己的套筒扣住孩子的套筒，告诉孩子："妈妈的套筒大，宝宝的套筒小。妈妈的是5，宝宝的是3。妈妈的套筒套住了你的，我赢了。"要求孩子输给自己一朵小红花。

3 等游戏结束了，把孩子的小红花和你的小红花都数一数，然后比一比，看谁的多，少的一方要向多的一方表示祝贺。

游戏提示：小红花代表着荣誉，可以激励孩子继续游戏。这个游戏还能让孩子认识数字，建立大小的概念。

正确面对孩子的撒谎

ξ 卡尔·威特经验：

小卡尔2岁的时候，在餐桌上打翻了一个水杯。那天卡尔·威特去了别的教区，卡尔·威特的妻子去了别的房间一会儿，回来就发现餐桌被弄湿了，而小卡尔的水杯都空了。当卡尔·威特的妻子询问小卡尔是否是他打翻了水杯时，小卡尔一个劲儿地摇头否认。妈妈看着他机灵可爱的样子忍不住笑了起来，明知道是他弄翻了水杯却没有责备他。卡尔·威特知道这件事情后，觉得有必要和小卡尔谈一谈。于是，在小卡尔再次否认是他打翻了水杯后，卡尔·威特严肃地对小卡尔说："卡尔，我希望你能对我说实话。虽然我和你的母亲都没有见到，但上帝会看见的，我和你的母亲，还有上帝都不喜欢撒谎的孩子。"

在听到这番道理后，小卡尔埋着头承认是自己干的，卡尔·威特没有责怪他。就这样，在小卡尔撒谎后，他并没有置之不理，而是告诉他，撒谎是不对的，是会遭到惩罚的，让小卡尔养成诚实的好习惯。在以后很多的日子里，无论小卡尔做了什么错事，都会勇于承认，认识小卡尔的人都说他是一个诚实的孩子。

ξ 解读经典：

很多父母都会发现，孩子很小的时候就开始撒谎。其实，对于2～3岁的孩子，说谎并非完全是品德问题，也许只是因为现实与幻想的界限还很模糊。孩子可能会说他没有在墙上涂鸦，这是因为他希望自己没有干过，而不是因为他在故意撒谎。但是，如果你一笑置之，不分析、不教育，孩子便得到了不断强化与练习说谎的机会，养成说谎的坏习惯，甚至积习难改，贻误终生。因此，对于孩子的撒谎行为父母不要生气，更不能训斥他，先搞清楚原因。你可以蹲下来，用和蔼的语气鼓励孩子说出到底发生了什么事，然后向孩子说明撒谎比他可能做错的任何事情都更加糟糕。最重要的是，在孩子一说了实话时就要表扬他，积极地强调正确行为会产生令人吃惊的效果。让孩子觉得说出真相并没那么可怕，这样就会帮助孩子把这种小谎扼杀在萌芽状态，让他了解诚实的优点了。

卡尔·威特经典游戏

匹诺曹的故事

适宜年龄：1岁左右。

游戏准备：《匹诺曹》故事绘本。

游戏开始啦：

1 与孩子一起阅读故事《匹诺曹》，然后问孩子："善良的仙女姐姐答应了匹诺曹什么要求？""匹诺曹的鼻子为什么长长了？""最后匹诺曹实现了自己的梦想吗？""孩子应该怎么做？"让孩子养成不说谎的习惯。

2 在孩子撒谎后，妈妈可以提示他，好孩子是不撒谎的，匹诺曹是怎么做的？然后问孩子真正发生了什么，如果他诚实回答了，记得夸奖他。

游戏提示：用讲故事的方式可以让孩子知道说谎的坏处，并增强孩子的语言能力。

小贴士

对于孩子说谎，首先要了解孩子说谎的原因，如果他是出于好奇、顽皮、不当心而无意做了错事而说谎，就切忌粗暴体罚他，而要耐心进行指导教育。

真的还是假的

适宜年龄：孩子2岁时就可以玩这个游戏了。

游戏准备：随时随地都可以玩。

游戏开始啦：

1 妈妈说出一句话，然后让孩子说说是真的还是假的，比如："树叶是绿色的，真的还是假的？"、"大灰狼爱吃小白兔，真的假的？"在孩子回答后，问问他为什么，听听他的理由。

2 你也可以在孩子说出一句话以后，让他问你是真的还是假的，你来说明理由。随着孩子的成长，你们甚至可以一起讨论一些事情。

游戏提示：这个游戏能提升孩子的语言能力，培养他的判断力，在询问他看法的同时，你能听到各种奇思妙想，这对发散他的思维，提升孩子的想象力也非常有好处。

小贴士

孩子有自己的世界，听听他的想法比强势判断他错了更有助于培养他良好的性格，他也会更坦然地跟你说出他的看法，说谎行为自然也就少了。

学会清醒地把握自己的长处

ξ 卡尔·威特经验：

小卡尔大约八九岁的时候，突然告诉卡尔·威特他不想学习语言、数学等知识了，他想成为一个英勇的武士，然后成为一个威武的将军。卡尔·威特并没有像一些父母那样简单地鼓励他或者否定他，而是先给他讲当武士必需的条件后，再慢慢开导他：“你想当武士很好，但怎样才能成为一个武士呢？我给你讲的那些故事毕竟是故事，不一定是真实的。你想想，一个人能够一下跳几十米高吗？我认为那是不可能的，那是人类的极限无法达到的。那些故事是为了给人娱乐，给人想象。我之所以给你讲那些故事，是为了让你学习那些武士的勇敢精神，并不是一定要让你成为武士。每个领域里都有英雄，而不单单是在战场上。如果你成为文学家，会为人类带来极大的精神财富；如果成为发明家，会为人们创造出多少有用的东西啊。只要你发挥自己的长处，你就会在不同的领域中成为不同的英雄。一些你不适合做的事，你应该勇敢地放弃。其实，能够真正面对自己的人，才算是真正的大英雄。”小卡尔听完，对英雄的含义有了真正的认识，也懂得了既要争取又要放弃的道理。

ξ 解读经典：

每个孩子都有英雄情结，他们对未来充满希望而又显得太着急，他们想成功，想征服世界，几乎所有孩子的远大抱负都是从这个时候开始的。此时，父母对孩子的正确指导特别重要。父母应该让孩子明白自己的长处，根据自己的特性做出正确的选择。只有学会理智地选择，在以后的日子里，无论面临怎样的境况，才不会走弯路。否则，孩子会在不成熟的心理中做出错误的选择，将浪费宝贵的时光。

卡尔·威特经典游戏

足球小明星

适宜年龄：1岁半以上。

游戏准备：一个中等大小的塑料球，对于年龄越小的孩子，球越软越好。

游戏开始啦：

1 刚开始时，把一个球放在孩子正前方，帮他用脚踢到球；然后你跟着往前移动，好让孩子能踢着球向前走，就像个小小的足球明星。

2 爸爸和妈妈可以在院子里或者公园里指定一个球门，比如说两棵树之间，与孩子一起奔跑、踢球，慢慢学会射门。

3 还可以给孩子找个小伙伴，让两个孩子来比赛，他会非常开心的。

游戏提示：踢球游戏有助于发展孩子的大动作协调性技能，训练他的腿部肌肉，培养他对足球的兴趣。说不定你可以从中发现孩子对此很在行呢。

小贴士

每次孩子的脚碰到球，你都要发出鼓励的欢呼声，并给他指出他把球“踢”了多远，培养他的自信心，鼓励他继续玩下去。

独立生活是一切能力的基础

独立是孩子各种能力的基础，孩子终究是要离开父母的，当他们单独面对生活的时候，独立能力就显得非常重要。孩子的独立生活能力是在日常生活实践中逐步形成的，因此，父母应该从小就放手让孩子自己去做，有意识地培养孩子的独立能力。

父母包办让孩子依赖成性

ξ 卡尔·威特经验：

卡尔·威特遇到过这样一个孩子，他很小父亲就去世了，孩子的母亲倍加疼爱他。当孩子4岁时，母亲还是整天喂他吃饭，帮他穿衣穿鞋。当他长得再大一些的时候，他仍然不会自己吃饭，不会自己扣衣服上的纽扣，也不会穿鞋。而和他同龄的孩子做这些小事都做得很好，相比之下，他显得手忙脚乱，而且很可怜。有人告诉他的母亲，让他学习自己去做这些事情，因为像他这么大的孩子应该学会穿鞋戴帽。可是他的母亲却说："我爱我的儿子，他现在是我的一切，我宁愿为他做出更多的牺牲。"等孩子长大之后，这位母亲还是一如既往，不断地替他做事情。孩子这不会做，那不愿学，更使他感到自己不如别人，甚至认为自己是一个无能的人。

ξ 解读经典：

孩子的好母亲并不知道，她这样做对孩子的成长是有害的，因为她忽略了儿子本身成长发展的需要。无微不至的关怀往往会造成孩子的能力低下，她凡事包办代替的做法让孩子产生了极强的依赖性，他可以什么都不干，不用学习做什么事情，只顾自己玩耍。这也不会做，那也不会，让孩子觉得自己样样不如别人，让他觉得非常自卑，对自己的能力缺乏信心。这也可能引起少年时期的孩子对父母关怀的一种反抗，他们不愿让别人看到自己是个无能无用的人，他们需要在人们面前显示自己的存在，显示自己的能力，从而逆反心态更重，有时会造成很大的问题。因此，父母应该了解，你对孩子独立生活能力的培养是对孩子的真爱，对孩子的娇宠和过分呵护，只会让孩子在将来的生活中吃尽苦头。

卡尔·威特经典游戏

家务小帮手

适宜年龄：2岁以上。

游戏准备：做家务的小工具，比如小抹布、小扫帚等。

游戏开始啦：

1 妈妈开始做家务的时候，用愉快的语气宣布："妈妈要干活了，宝宝过来帮忙。"先扫地，吩咐孩子去拿簸箕，等妈妈扫完了，就把垃圾扫到簸箕里，再指挥孩子把垃圾倒到垃圾篓里，然后把簸箕放回原位。

2 扫完地了，妈妈假装思考的样子："下一步该干什么呢？哦，应该擦擦灰。"给孩子一块小抹布，擦每件家具的时候都分配给孩子一个角让他擦，擦完后你再检查一遍。

3 妈妈进厨房的时候也可以带着孩子，教他剥葱、剥蒜，并把葱、蒜皮放进垃圾篓。

4 孩子帮妈妈做完家务后，妈妈要具体表扬孩子所做的每一件事，并期望孩子会做得更好。

游戏提示：满两岁以后的孩子逐渐喜欢帮你干活，可乘机让他帮忙做家务，既避免了他捣乱，还能培养自理能力，并让他学会配合、服从指挥。

培养孩子独立生活的能力

ξ 卡尔·威特经验：

在小卡尔很小的时候，卡尔·威特和妻子非常细心地照料他，但从不娇宠、溺爱他。卡尔·威特认为，对孩子独立能力的培养，是对孩子的一种真爱，那种对孩子的娇宠和过分的呵护只会让孩子在将来的生活中吃尽苦头，那只能是一种罪过。从小卡尔出生起，卡尔·威特很少将儿子抱在怀里，而是让他随便爬。在小卡尔学会走路后，当小卡尔不慎摔倒在地时，大多数的情况，卡尔·威特不会去扶起他，而是让他自己站起来。卡尔·威特就是让小卡尔从这些小事中明白，他不能永远依靠父母，要靠自己，从而学会独立生活的能力。

ξ 解读经典：

孩子最终还是要独立生活的。许多父母在教育孩子的问题上或多或少都陷入了一种误区，就是只重视儿童智力方面的培养，轻视孩子独立生活能力的培养。这使得孩子长大后依赖性太强，生活自理能力差。六七岁的儿童还有不会穿衣、扣纽扣，不会系鞋带甚至吃饭还要大人喂等等，这些都是家长不给孩子锻炼机会的结果。对孩子的娇宠和过分呵护，只会让孩子在将来的生活中吃尽苦头。

有的教育学家说："孩子从会拿勺子开始，就应该做些力所能及的自我服务和帮助别人的劳动。"孩子的独立生活能力是在日常生活实践中逐步形成的，孩子的成长需要锻炼，而锻炼就需要给孩子一点独立生活的空间。父母要学会多给孩子提供独立生活的机会，让孩子多一些锻炼，培养孩子独立生活的能力。

卡尔·威特经典游戏

孩子自己玩

适宜年龄：2岁左右。

游戏准备：带孩子外出玩耍或者请别人来自己家里玩。

游戏开始啦：

1 开始时，可以在有别人在场跟孩子玩的时候，悄悄走开观察孩子的反应，直到孩子发现你不在要找妈妈的时候你再出现。

2 然后，提前跟孩子说明："妈妈有事需要出去，你先跟阿姨好好玩好不好？"并承诺一会儿就回来，设法让孩子答应，然后自己走开。不过一定要准时回来。

3 当孩子和你重新聚在一起的时候，问问孩子都做了什么，有什么收获等，并表扬孩子离开妈妈那么长时间都没有哭，已经长大了，让孩子有成就感。

游戏提示：这样可以培养孩子在一定时间段内脱离对妈妈的依赖，增强独立性，而跟别人愉快玩耍的过程对培养人际交往能力也有帮助。

以足够的耐心引导孩子自理

卡尔·威特经验：

卡尔·威特的妻子从小卡尔婴儿时期起，就耐心地教他怎样给妈妈扣衣服上的纽扣。尽管他不会扣，很费时间，但是卡尔·威特的妻子认为这是对孩子进行教育，所以耐心地让他扣。卡尔·威特的妻子还教小卡尔自己穿鞋、穿衣服。即使很忙，她也要花点时间教小卡尔自己穿脱衣服。当小卡尔应该学会自己穿衣服的时候，她就开始让他自己尝试，并不是替他穿好了事。她一边指导示范，一边看着他自己穿好，她不催促他快点，而是慢慢地说："你可以自己穿上，慢慢来，不行妈妈再帮你，你已经是一个大孩子了。"如果小卡尔还坚持他不能自己穿，她也并不理会这些，继续鼓励他："你肯定能自己穿上。妈妈闭着眼睛数10下，看你能不能穿上。"这时小卡尔可能继续下去，也可能开始哭起来，不再做任何努力。卡尔·威特的妻子这时就不再理他，当小卡尔发现他的哭闹并不能引起母亲的同情时，他就继续尝试靠自己解决自己的问题。事实证明，小卡尔很快就学会了自己穿衣服。

解读经典：

孩子很小就有了自理的意识，此时要以足够的耐心去引导，鼓励孩子自己穿衣、吃饭、洗脸、洗手、大小便、按时起床和睡觉，尽量让孩子独立料理自己的生活。尽管开始有些不适应，会出现衣服穿得很慢、扣子扣得不正、饭菜洒满桌、袜底翻到脚背、洗脸弄湿衣服、甚至打破碗碟等等，这些都是正常现象，家长要给孩子创造一个逐渐完善的过程，并给予足够的耐心，不要急于插手。父母不妨把自己想象成孩子，设想自己正努力地系鞋带的手被妈妈拨开，三下五除二地替自己系上，你心里是什么感觉？对如此的援助，你定会采取激烈的反抗。因此，在孩子全神贯注做事时，父母最好游离于孩子感兴趣的事情之外，让孩子当主角，给他足够的时间尝试。

卡尔·威特经典游戏

快乐上卫生间

适宜年龄：2岁左右，就可以有目的地开始训练了，持续下去，到2.5岁或3岁就能自理了。

游戏准备：幼儿马桶盖。

游戏开始啦：

1 先让孩子学会坐便盆，再引导他上卫生间，刚开始时，他可能有点害怕，你可以让他经常观察你上卫生间的场景。

2 你可以在卫生间里贴上孩子喜欢的贴纸，比如小熊、小鸭子、小狗等等，然后领着孩子看看，告诉他："孩子以后想便便的时候就到这里来，小熊、小鸭子、小狗会陪着你。"让孩子喜欢上卫生间的环境。

3 上完卫生间后，让孩子跟便便说"再见"，妈妈按下冲水键就可以了。

游戏提示：上卫生间对孩子来说是难度比较大的自理问题，不同的孩子可能面临不同的难题，通过上卫生间游戏可以有针对性地解决。

小贴士

训练孩子自己上卫生间的时候要给孩子穿上普通的裤子，不要再穿纸尿裤或者开裆裤，否则孩子会延续想尿就尿的习惯，实现自己上卫生间就比较困难了。

让孩子做个决策者

卡尔·威特经验：

有一次，小卡尔计划在周末搞一次野炊，卡尔·威特没有否定他，而是召集家人讨论小卡尔这个设想，确定野炊的地点，宣布出发的时间，并且对准备的食品提出建议。卡尔·威特和妻子有时加以表决，以推动计划的进一步展开，对于小卡尔的一些不同的意见，并不急于提出批评，而是以某种巧妙的方式，让他自己做出正确的决定。让孩子做个决策者，这不但能让家人之间相互理解，还能增强小卡尔的自主意识。后来，卡尔·威特就庆祝节日、馈赠礼品、请客、游玩等活动都会进行安排，让小卡尔积极参与其中，这也成为全家人的情感和生活紧密联系的纽带。

解读经典：

要想孩子真正独立，就应该改变父母是决策人/孩子是接受者这样僵化的家庭角色的分配。父母在家庭教育中应该懂得进行角色交换，让孩子对他表述的愿望予以积极的辩解，慢慢形成自己的决策。这不但能培养孩子的自主意识，还能够让孩子更好地理解父母.而父母一方面可以调动孩子的主动性，又能使自己清楚地认识孩子的才干，建立一种积极健康的家庭沟通交流关系，更有利于孩子的成长。

卡尔·威特经典游戏

让孩子选择

适宜年龄：1岁半以上。

游戏准备：不需要。

游戏开始啦：

1 妈妈可以在生活小事情上给孩子提供做决定的练习机会，比如吃花卷还是馒头，在面包片上涂哪一种果酱、要穿哪件外套，等等。

2 在选择中注意引导，给孩子几个筛选过的选择，让他在你的选择中自由做决定。如你可以让孩子选择现在或听完故事后睡觉，或者在妈妈为晚饭准备的两种主食中选择吃哪个等，这样可以避免他的决策超出你的范围。

游戏提示：尊重孩子的偏好与兴趣，试着在一些小事情上向他做出让步，不但可以让孩子高兴，还会让他树立自信。

小贴士

随着孩子年龄的增大，父母可以扩大孩子的选择范围，培养他的决策能力。

过度保护会让孩子失去勇气

卡尔·威特经验：

卡尔·威特一直认为，受到过多呵护长大的孩子，自然会具有缺乏勇气的弱点，对他的人生会有不良的影响。某些成年人看来是危险的事情，认为不适合孩子们做，实际上孩子是可以胜任的，只是父母出于爱心或对孩子的能力缺乏正确的认识，导致阻止孩子去探索新的事物、熟悉新环境，剥夺了孩子锻炼自身的机会。他认为，对于孩子的成长而言，一个碰伤的膝盖是容易治愈的，而受了伤的自信心和没有被开发出来的勇气是永远无法弥补的。

有很多事实可以证明，父母对孩子的过分保护会使孩子失去自信心和勇气，变成一个没有冒险精神的人。这样的孩子有很强的依赖心理，甚至认为自己无能，会认为："其他小朋友能做的，我却不能做，这是多么的不公平！" 有时会产生逆反心理，执拗地去做父母不让他做的一切事情，此时反而更加危险。

解读经典：

孩子都具有冒险精神，在大环境安全的情况下可以尽量放手让他去做。幼儿时期的孩子想用自己的方式做事情，这说明孩子有足够的安全感想自己去应付，是孩子正在长大的一个信号。尊重孩子的偏好与兴趣，试着在一些小事情上向他做出让步，不但可以让孩子高兴，还会让孩子树立自信。不过对于小的孩子而言，父母一定要给孩子树立安全的界限，明确制止孩子的危险行为，不给他讨价还价的余地，确保孩子的安全。

等孩子大了，安全意识更加强了的时候，不妨给孩子创造一定的机会，比如参加一些探险夏令营等，以训练孩子的勇气和坚强的意志。

卡尔·威特经典游戏

宝宝不怕啦

适宜年龄：孩子有惧怕情绪或者受到小伤害时可以跟他玩这个游戏。

游戏准备：不需要任何准备。

游戏开始啦：

1 孩子走路摔倒了，第一时间不是自己努力站起来，而是看着妈妈，妈妈这时候可以平静地看着孩子，告诉孩子："不怕不怕，宝宝不怕啦。站起来。"孩子看妈妈很平静，自己也就平静下来了，会很快站起来。

2 孩子身上出现小伤口的时候，妈妈检查时要冷静，不要表现出惊慌，一边检查一边告诉孩子："不怕不怕，小问题。"让孩子也冷静下来，正确看待伤痛。

3 让孩子接触那些让他感觉害怕的东西。如果他怕小狗，可以带他近距离接触一下，让孩子摸摸，并鼓励孩子："不怕，不怕。"孩子摸完之后，用欢呼的语气说："小狗很乖，它很喜欢你呢。"让孩子感到自豪。

游戏提示：孩子受点小伤害是很常见的事，此时鼓励孩子不怕可避免啼哭，促进其坚强性格的形成，让他变得更加勇敢。

小贴士

妈妈在孩子面前应该努力表现出冷静、坚强、勇敢的态度，妈妈如果总是一惊一乍，孩子肯定也会特别容易害怕。

让孩子体会钱要靠努力获得

ξ 卡尔·威特经验：

如果小卡尔学习好，卡尔·威特就每天给他一个戈比作为报酬；但如果他学习很好，可是行为有过错，那他就领不到这一个戈比的报酬了。当小卡尔犯错时，他会主动地说："爸爸，因为今天我犯了错误，所以不要钱了。" 这时，卡尔·威特虽然对小卡尔的懂事非常感动，甚至想给他两倍的报酬，但是为了小卡尔着想，卡尔·威特克制住自己的情感，鼓励小卡尔下次做好。卡尔·威特这种用钱来鼓励孩子学习的方式，是为了让小卡尔懂得"学习能带来现实幸福"的含义，而且采取了一种比较实际的方式，这样做是为了让小卡尔切身体会到获得一点报酬是多么的艰难。

ξ 解读经典：

金钱是日常生活中必需的物品，让孩子建立正确的金钱观，长大后才能对金钱抱有正常的心态，处理好人与金钱的关系。在日常生活中，明确地告诉孩子，钱是通过劳动付出取得的报酬，不付出是不会有收获的，父母上班就是为了赚钱，给孩子买食物、衣服和玩具，让他对金钱的来源有个正确的认识，消除孩子以为钱是"父母理所当然就能拿出来的""机器(ATM)里生出来的"等错误概念，并让他了解钱的来之不易，进而学习父母的价值观，学习智慧、合作精神、责任感以及工作的辛勤和快乐。

卡尔·威特经典游戏

认识钱

适宜年龄：1岁半左右。

游戏准备：准备1角、5角、1元、5元、10元等不同面额的纸币。

游戏开始啦：

1 先教孩子排列形状，由小排到大或由大到小，再告诉他少的面额形状比较小一点，多的面额形状大一点。

2 教孩子认识纸币上面的数字。告诉他数字越大代表越有分量，可以买比较多或贵的东西，让他对钱有个初步的了解。

游戏提示：认识钱的第一步，是要让孩子辨认不同面额的纸币。这个游戏可以教给孩子简单的数字概念，并认识纸币的不同，同时可利用形状的大小，认识纸币面额的多少。

小贴士

为了加深孩子对纸币面额的认识，你还可通过货币上的图案，教他了解纸币里的文化底蕴呢。

过多的金钱可能会毁了孩子

ξ 卡尔·威特经验：

卡尔·威特给小卡尔讲了一个现实中发生的故事：卡尔·威特有一位富有的朋友，很是溺爱孩子，时常给孩子很多的钱，但又不教给孩子怎么正确用钱。由于富有，这孩子很快就成了那些坏孩子追逐的对象。他们讨好他、奉承他，但孩子还以为是自己有独特的魅力才得到了他们的喜欢，不免骄傲自大。而他还利用金钱去买通其他孩子教训别人，时间一长，他变得蛮横无理，心地凶残。最后，卡尔·威特的朋友知道了他的恶劣行为，停止了他所有的零花钱。此时，那些他平时的“好朋友”忽然之间完全变了样，对他冷嘲热讽。他和他们争吵起来，并开始动手打架，那些孩子围着他，让他吃够了苦头。

小卡尔听了这个故事后表示，一定要好好利用自己的钱，用它们去做一些应该做的事，并表示感谢父亲让他学会使用钱和管理钱。

ξ 解读经典：

爱孩子不应该用金钱去表现。如果一个孩子在父母那里很轻松地得到金钱方面的奖赏，那种后果是极为可怕的。一方面，他会毫不珍惜地将钱随便花光，不会把钱用到应该用的地方，甚至错误地利用这些钱；另一方面，孩子由于轻松地从父母那里得到钱，他就会产生什么事都容易做到的错误想法，以至于长大后不会去为自己的生存奋斗，甚至会变得懦弱和堕落。给孩子钱要有度，并用奖励的形式让孩子自己赚钱，让他明白钱的来之不易，才会更加珍惜。

卡尔·威特经典游戏

小小储蓄罐

适宜年龄：2岁以上。

游戏准备：一个可爱的储蓄罐。

游戏开始啦：

1 给孩子准备一个可爱的储蓄罐，让他自己保管自己的钱，引导孩子的储蓄意识。

2 妈妈也可以与孩子一起做一个：找一个比较精致的小盒，在盒盖上用剪刀挖一个洞，再用彩色的包装纸把纸盒包装起来，做成一个漂亮的储蓄罐，他会更有成就感的。

游戏提示：让宝宝养成将零钱储蓄起来的好习惯，这样不但能丰富宝宝的生活，还可以帮宝宝养成从小理财的好习惯。

小贴士

父母在孩子6岁时就可以给他在银行办一个存折，鼓励他把自己的零用钱存进去，养成终身储蓄的好习惯。

培养孩子的合理消费观

卡尔·威特经验：

卡尔·威特尽量教小卡尔把钱花得有意义一些。卡尔·威特告诉小卡尔：仅仅买点心之类没有多大的意义，而买书等工具可以永久发挥作用。小卡尔也很有理财意识，把他的钱保管起来，无论是买书本还是买学习用具，都会告诉卡尔·威特，并且时常征求卡尔·威特的意见。有一次，卡尔·威特发现卡尔的钱少了许多。原来，小卡尔有个朋友叫豪斯，是个爱学习的孩子，可是由于家境贫寒，没有得到受教育的机会，但他对书本有着浓厚的兴趣，很爱听小卡尔讲故事。有一次，豪斯告诉小卡尔说非常羡慕他，因为他有书本，有学习用具。小卡尔深受感动，他立刻跑回家给豪斯拿了一些纸和笔，并从自己的积蓄中拿出了20戈比。后来，小豪斯的父亲带着他亲自来道谢："威特牧师，您有这样的儿子，真令人羡慕啊。他就像一个天使，把爱给予我的儿子。愿上帝赐福给他。"

解读经典：

卡尔·威特给小卡尔钱，还会因势利导培养他的消费观。这些都是父母应从小给孩子培养的。现在，父母自然不能奢望幼儿完全理解金钱的作用，但在孩子认识金钱的时候，可以让他慢慢理解"钱是有用的，但钱也不是万能的"。这是教给孩子如何选择、如何做出正确决定的依据。在带孩子购物时，要让孩子明白，不是什么东西他想要，父母就得买。最好在出门之前就和孩子制订一个规则，我们是去给孩子买生日礼物的，给孩子买一个喜欢的玩具，大约是多少钱。这样孩子就会在整个购物过程中仔细考虑他要的东西，对于孩子的过分要求，即使妈妈买得起，也应该对他说"不"。慢慢的，孩子会知道怎么去选择，逐步形成合理的消费习惯。注意不要把钱和对孩子的爱直接关联，甚至让孩子认为"妈妈爱我，所以舍得为我花钱"，这样孩子长大后可能会以为钱也能用来买到爱情与友谊。只要让他认为，给他买的东西都是必需的即可，培养孩子的责任感。

卡尔·威特经典游戏

超市小帮手

适宜年龄：2岁半以上。

游戏准备：需要购买的食物和日用品图片。

游戏开始啦：

1 事先做好计划，列好要去超市购买哪些商品，然后把这些商品的图片打出来，贴在清单上。如果手里正好有超市发的宣传单，可以与孩子一起剪下来，贴在清单上。

2 到超市以后，让孩子拿着清单，按图索骥，找到你们需要购买的商品。

3 在找的过程中，引导孩子分区找：生鲜区、水果区、零食区等。

4 购物回来后，告诉他该把买来的食物放好了，让孩子帮你做。比如，他可以把那些盒子和罐子递给你，然后你把它们放进橱柜。

游戏提示：这个游戏可以培养孩子的观察力和分类，在孩子长大点后，可以教他看价格，并尝试着计算，这是教孩子钱和数学的好方法。

小贴士

让孩子在超市有点事情做，他不但会很高兴，也不会因为无聊而吵闹了。

变废为宝

适宜年龄：2岁半以上。

游戏准备：报纸、一堆空的包装物，例如，米粉盒、鸡蛋盒、酸奶杯等等；胶水、美纹纸胶带、小贴画和其他装饰物。

游戏开始啦：

1 用报纸盖住桌子，把米粉盒、鸡蛋盒、酸奶杯等摆在上面。告诉孩子这就是他的材料，他可以用这些材料制作任何喜欢的东西。

2 刚开始时，孩子可能会说想做某样东西，但多半只是将盒子像积木一样搭建，等完成之后，才能确定做的是什么。妈妈可以按照他的构想去实行，比如就这样把他搭建的东西粘在一起，构造一个基本形象。

3 等孩子对自己创作的作品满意时，就该做装饰的工作了。在包装上画画不总是很容易的，尤其是如果包装比较光滑的话。这时候，可以和孩子一起在盒子上贴一些小贴画、布片或从杂志上剪下来的图片，就会有非常好的效果了。

4 作品完成后，夸奖孩子一番，然后将作品摆好，增加他的成就感。

游戏提示：这个游戏可以培养孩子的动作技巧、形状理解能力和艺术感，也让他了解变废为宝的好处，引导他形成合理的消费观。

小贴士

在孩子小的时候，可以从简单的开始，比如就在盒子上贴贴画，等孩子大一些后，再开始更复杂的“艺术创作”吧。

人际交往能力是成功的加速器

人际交往能力是成功的助力，一个人的成功离不开其他人的帮助。卡尔·威特一直非常注重小卡尔与人相处方面的培养。为了让他能够与别人相处和睦，成为有很多朋友的人，卡尔·威特曾给他提出必须做到的要求：友爱、协作、大方、开朗、公道、礼貌、自尊、责任心、组织能力等等，目的是让他以这些作为与他人相处的准则，让他能够与别人以适当的方式交往。

沟通的艺术

卡尔·威特经验：

卡尔·威特想尽一切办法让自己和家人能和小卡尔有良好的沟通，这不仅加深了对小卡尔的了解和感情，也教会他怎样去与他人沟通交流，以培养他能够善于与他人交往。卡尔·威特不但营造一个宽松、民主的环境，为沟通建立良好的平台，他还认为沟通是一种艺术，有关的时间、地点、环境和方式都要考虑到。比如说小卡尔有时候希望在心理和情感上保留一些自己的空间或者说他感情波动很大时，非常需要安慰，而不是提问，在这些时候，卡尔·威特会拥抱、抚摸儿子，传达给他沉默而温暖的信号。有时候，对于某些觉得不便用口头表露的情感，卡尔·威特会把要表达的意思以书面的形式，写在纸条上，这使它们加重了自身的分量，并显得更加真实可信，让沟通达到应有的效果。

解读经典：

卡尔·威特认为，沟通和理解是最重要的。家庭中对沟通技能、方法的掌握与学习，与孩子未来社会适应能力的高低紧密相连。如果一个孩子从小在家庭中学会了与家庭成员沟通的技巧，当他走入社会时，他也能很快地与他人沟通。沟通是与人交往的第一步，能与别人沟通的人永远是快乐的。父母在孩子小时候就要鼓励孩子说出自己的感受，养成沟通和交流的习惯。值得注意的是，父母在对幼儿说话时，应蹲下来，听到孩子说的每一句话，更好地看到他的表情、做出准确的回应，也能让孩子感受到平等和尊重，有利于亲子间的良好沟通。

卡尔·威特经典游戏

我的故事，我的书

适宜年龄：1岁左右。

游戏准备：一本活页素描本。

游戏开始啦：

1 在素描本中，妈妈可以放进去一片一起散步时发现的树叶，一朵从花园里摘的花，或是一幅孩子当天的“画作”。如果拍有照片，可以打印出来一起放进去。

2 把一天的纪念品粘贴在素描本上，妈妈可以帮助孩子用彩笔写上描述性的语言。整理出一本能反映孩子一天活动的剪贴簿，每天晚上和他一起看。

3 在孩子睡觉前，可以用这个纪念本让孩子描述今天发生的事情，你可以适当提示。

游戏提示：可以培养孩子的观察能力和语言能力，并帮助孩子在晚上睡觉前回忆一天的生活，培养他善于描述美好事物的能力。

倾听的艺术

卡尔·威特经验：

在小卡尔入睡前，卡尔·威特都要留一段时间听他讲今天发生的事。小卡尔在叙述的过程中也会自己评价，哪些自己做得好，哪些自己做得不好，形成反省自身的习惯，而卡尔·威特也在倾听中对小卡尔的个性、待人处事有清楚的了解，在孩子有不正确的想法时，及时给予指导，并给他讲道理。比如，有一次，小卡尔说不喜欢邻居布劳恩夫人，因为她很少笑，一点都不亲切。卡尔·威特就跟他解释："看人要看全面，另外一些事情你也许不了解，布劳恩夫人的心地很好，如果你对她表示友好，她会很高兴的，你们也会更加和睦相处的。"餐桌也是卡尔·威特一家沟通、倾听的良好平台，在吃饭时，各自描述一天的见闻和发生的事，让卡尔·威特一家变得更加融洽。在这样真心倾听的氛围里，卡尔·威特赢得了小卡尔情感上的信任，与小卡尔达到无拘无束交流的默契。

解读经典：

这种"倾听的艺术"是卡尔·威特在教育小卡尔的过程中掌握的跟孩子进行沟通的经验。父母总希望孩子对自己敞开心扉，这就要求父母首先营造一个真心倾听的氛围，让孩子感到他能自由地对任何事物提出自己的意见，而他的认识又没有受到轻视和奚落。这样可以促使他毫不迟疑、无所顾忌地发表自己的意见，赢得孩子情感上的信任，也会让他更加自信，促使孩子去认识自己和自己的能力，将来就可以在工作上、社会中自信勇敢地正视和处理各种事情。而正是父母的这种以身作则，孩子也会慢慢学会倾听他人，让他人对自己敞开心扉，有什么事都与自己商量，征求自己的意见，得到别人的信任，赢取他人的尊重，从而培养了孩子善于与人交往的能力。

卡尔·威特经典游戏

今天的美好记忆

适宜年龄：2岁的孩子可以与他一起玩这个游戏了。

游戏准备：舒适的椅子，或其他舒服惬意的地方。

游戏开始啦：

1 妈妈可以先给孩子提问并帮助他回答："我们今天早上做了什么啊？我们到院子里跟其他的小朋友玩，是不是啊？"孩子自己来回忆今天发生的事情。

2 在孩子复述的过程中，妈妈可以再加上一些细节："妈妈还给宝宝穿了一件带着花朵的很漂亮的衣服呢！"然后你们可以将发生的事变成儿歌，比如"我们荡秋千，荡秋千"和"我们滑滑梯，爬上去，滑下来，又爬上去"等。

3 在说完今天已经发生的事情后，妈妈可以接下来说说你们明天打算做的事，提几件孩子喜欢的活动，比如："明天我们继续去公园玩怎么样？要不去超市购物？"让孩子学会选择。

游戏提示：这个游戏可以让孩子自己叙述每天发生的事情，帮助他发展记忆力和注意力，重温最值得回忆的时刻。

小贴士

妈妈也可以向孩子叙述自己发生的事情，让孩子养成相互沟通和倾听的好习惯。

不要轻信任何人

卡尔·威特经验：

在小卡尔4岁时，有一次，卡尔·威特由于工作出差了一个星期，当卡尔·威特回家时，小卡尔兴奋极了，早早地站在家门口等着，一看到卡尔·威特，小卡尔便跑过来，兴奋地一跃而起想扑进爸爸的怀里。可是，卡尔·威特没有像往常那样将他抱起，而是故意闪开了，小卡尔扑了个空，为此非常不解，狠狠地瞪了卡尔·威特了一眼，转身就往屋里跑去。卡尔·威特叫住他，解释道：“爸爸是在和你开玩笑，也想让你明白一个道理，不要轻信任何人，哪怕是你的父亲。当然，爸爸是你最可信赖的人。但等你长大后有许多平时看似对你好的人并不一定会在任何时候都关心你、帮助你，就像刚才爸爸对你那样。”这种说法对于只有4岁的小卡尔来说还很难理解，但卡尔·威特相信这件事一定给他留下了深刻的印象，并对他以后的人际交往提供了极大的帮助。

解读经典：

有些父母告诉孩子，这个世界上一切都是美好的并让孩子相信这一切。这种说法表面上看起来很迷人，也有益于孩子身心健康地发展，但是，一个孩子从小就相信身边的一切人和事只会使他成为没有分辨力的人，可能让他受到别人伤害时变得心灰意冷，反而更加怀疑和反抗社会。世界上的每一个人都不同，有的善良，有的邪恶，在生活中要引导孩子去分辨、去区别，并最后判断，才能更好地坚定自我。值得注意的是，过于轻信别人，也会对别人抱有过高的期望，最后可能会因为达不到期望而失望，不利于孩子健康心理的发展。

卡尔·威特经典游戏

大灰狼和小红帽

适宜年龄：2岁半的孩子可以与他一起玩这个游戏了。

游戏准备：童话故事《小红帽》，红帽子，大灰狼的耳朵。

游戏开始啦：

1 给孩子讲讲小红帽的故事，然后进行故事表演，让孩子戴上红帽子，妈妈戴上大灰狼的耳朵扮演大灰狼，爸爸扮演猎人。

2 妈妈躺在床上，让孩子敲门来提问："外婆，你的眼睛为什么那么大啊……"然后妈妈来回答。最后看孩子会不会改变故事的结果。当然，爸爸要及时出现对付大灰狼。

3 妈妈也可以和孩子玩大灰狼追小红帽的游戏。"宝宝，你是小红帽，我是大灰狼，我来追你了！"最后妈妈追上孩子，啊-呜一口假装把他给吃了。

游戏提示：提高孩子的语言能力和想象力，在扮演的过程中教会他不要轻信坏人，提高他的安全意识。

小贴士

孩子可能对故事的发展有不同的看法，妈妈随机应变就要，而不是用模式框住他的创造力。

学会表扬他人

ξ 卡尔·威特经验：

有一次，小卡尔想要用木块搭造一座大城堡，他独自一人无法完成，便请好朋友爱伦维茨帮助。可是，爱伦维茨的表现不是很好，无论做什么都笨手笨脚的，不仅帮不了小卡尔的忙，反而经常不小心将已建好的部分弄坏。小卡尔非常气恼，大声嚷嚷起来："你怎么这么笨啊？我刚刚修起的柱子，你就这么把它弄垮了。" 爱伦维茨难过极了，再也不敢帮忙，小卡尔的城堡也无法完成了。

卡尔·威特知道后，告诉小卡尔这样责备他人只会使自己渐渐失去他人的帮助，"爱伦维茨有时不那么机灵，但他的出发点是想帮你，你应该鼓励他才对。而且他之所以笨手笨脚是因为没有自信心，再加上你对他大呼小叫，他就更加找不到感觉了。如果你能容忍他的失误，并不失时机地表扬他一下，他一定会做得很好的。要知道，你的聪明就是靠我的鼓励和表扬得来的啊。"小卡尔答应试一试。第二天，小卡尔为昨天的粗鲁行为向爱伦维茨道了歉，并向他表示以后不再那样说他了。在修建城堡的过程中，小卡尔不时地对爱伦维茨的工作给予肯定，还常常夸奖他做得好。正如卡尔·威特想象的那样，爱伦维茨不仅不再笨手笨脚，而且还做得相当出色。

ξ 解读经典：

得到他人的承认和鼓励有时往往会成为一个人把一件事做好的动力。人都需要得到别人的肯定，有时仅仅为了得到他人的赞扬，他也会不遗余力地工作。卡尔·威特在小卡尔成长的过程中经常表扬他，目的就是为了让他能更好地学习或做他应该做的事。同时，卡尔·威特也这样教育小卡尔应该学会怎样鼓励别人或表扬别人以便能得到他人更多的帮助。卡尔·威特教育小卡尔："在以后的生活中，一定要学会不失时机地表扬他人、鼓励他人，这种做法既对别人表示出你的尊重，也会使别人乐于帮助你。有时候，只是说了一两句表扬的话，对人与己都有利，何乐而不为呢？"在孩子的成长过程中，父母可以通过表扬让他更好地学习或者做好应该做的事情，还要常常教他怎样去表扬别人，以便在得到更多人帮助的同时，得到他人的尊重。

卡尔·威特经典游戏

让我亲亲你

适宜年龄：1~2岁。

游戏准备：在孩子洗完澡刚穿好衣服躺在床上的时候最适合玩这个游戏。

游戏开始啦：

1 妈妈亲昵地靠前，跟孩子说："我觉得我得亲你一口。让我亲亲你吧，嗯……亲哪儿好呢？也许，我应该亲你的……"夸张地停顿一下，积累悬念，然后说："手！"马上在孩子的小手上印上深深的一吻。

2 以同样的方法亲孩子身体的其他一两个部位，然后说："接下来亲你哪里好呢？我不知道亲哪里好了！"假装很疑惑的样子，看看孩子会不会指向自己的脚或小肚皮，帮妈妈决定亲哪里。然后妈妈就说："哦，你的小肚皮！好主意！""接下来亲哪里呢？"

3 在亲完孩子身体的各个部位后，妈妈可以跟孩子说："妈妈是不是都亲完了？妈妈是不是做得很棒？"让孩子学会表扬你。

游戏提示：这个游戏可以用来教孩子他还不知道名称的身体部位，在征得他同意的同时呵护他的自我意识，还可以让孩子学会表扬他人。

小贴士

妈妈可以和孩子互换角色，由孩子亲亲妈妈，最后，妈妈来表扬他。

傲慢让人失去朋友

卡尔·威特经验：

小卡尔的才华刚得到了别人的认同时，卡尔·威特发现他开始有了一些变化，变得目中无人冷漠待人了。卡尔·威特知道此时给他讲道理是行不通的，只能让他尝到一点苦头才能改变这种错误的想法，于是也就没多说什么。

不久，小卡尔就发现小伙伴因为自己平时表现得很傲慢，处处以高高在上的姿态对待他们，并时时炫耀自己的才能，久而久之，小伙伴们都开始讨厌起他来，最后干脆就不再和他交往了。卡尔·威特看见小卡尔已经为自己的傲慢付出了代价，便不失时机地开导他："卡尔，你一直是个很不错的孩子，在各方面都取得了成绩，这些的确值得你骄傲，但是，如果总觉得自己比周围所有人都要高明，甚至看不起周围的人，这是为自己的将来设置障碍。要知道，对于一个优秀的人来说，仅仅拥有能力和知识是不够的，还需要有许多朋友来关心你、支持你。如果你想在社会中成为真正有作为的人就必须学会妥当地处理你与他人之间的关系，否则，你会处处碰壁。"小卡尔问卡尔·威特怎么办，卡尔·威特说："很简单啊，扔掉傲慢的心理，以友好的方式对待他人。只有这样，才能重新赢得别人的尊重，也会有越来越多的朋友。"

解读经典：

后来，小卡尔以谦虚的态度对待每个人，而他也重新获得了他人的尊重。聪明的孩子更容易获得夸奖，然后变得骄傲，目中无人，特别是小孩子。而这种傲慢只会使他人远离自己，把自己孤立起来。所以，父母一定要注意夸奖孩子要实事求是，不要一味地夸奖，在发现孩子缺点后及时引导他改正。以友好的方式对待他人，让孩子从小学会与人和谐相处，这是孩子受人欢迎的开始。

卡尔·威特经典游戏

捉迷藏

适宜年龄：2岁以上。

游戏准备：妈妈和爸爸，然后请几个小朋友来家里玩。

游戏开始啦：

1 爸爸在孩子没看见时藏起来，然后妈妈跟孩子说："咦，爸爸去哪里了？他跟孩子玩捉迷藏呢，让我们去找找看吧！"刚开始时，爸爸选择一个非常好找的隐藏之处，让他比较容易找到。

2 在找的时候，妈妈可以适当引导："爸爸是不是在卧室里？厨房里有没有？"让孩子去找找看，在他找到爸爸后，爸爸记得夸奖他。

3 你也可以请几个小朋友一起和孩子玩捉迷藏，并在遇到找不到的时候看是否能够主动寻求你的提示，他们会玩得很开心的。

游戏提示：集体协作游戏对孩子性格的养成有很大的帮助，他们在游戏中学会团结合作，学会忍让谦虚，学会互相帮助。

小贴士

在孩子们玩捉迷藏时，应注意周边环境的安全。

不要以外貌区分好人和坏人

ξ 卡尔·威特经验：

有一次，卡尔·威特和小卡尔在集市上买东西，发现几个穿着整洁而华丽，还戴着礼帽的年轻人，小卡尔认为他们是绅士，非常喜欢。其实，卡尔·威特知道这几个人不过是成天在集市上厮混的游手好闲者。一般来说，大多数父母在这种情况下不是含糊地向孩子解释一下就是根本当什么事也没发生过便带孩子离开了。可是，卡尔·威特觉得有必要让小卡尔对这几个年轻人有所了解。于是，便带着小卡尔悄悄地跟着那几个人。没过多久，就发现这几个人在偷东西。小卡尔非常不解："看上去他们都是有钱人，为什么还要做这些见不得人的事呢？"卡尔·威特耐心地向小卡尔解释："这就是我时常要求你学会清醒地认识别人的原因。你要记住，在很多时候，你看到的并不一定是真实的。你一定要用脑子去判断所见到的一切事物。"

还有一次，小卡尔表示很喜欢一个长相和蔼的流浪汉，但讨厌卡尔·威特的一个看起来凶巴巴的朋友。卡尔·威特便耐心地给他讲其中的道理："卡尔，这个世界上有许多事都不像它表现出来的那么好。有的人长得很漂亮，表现也很和蔼，这并不表示他一定是个好人；有的人天生性格粗犷，有时表现得很凶恶，但或许他是个真正的好人。人是很复杂的，你应该学会怎样辨别好人和坏人。"

也许小卡尔还不是很理解，不过在卡尔·威特的引导下，他就慢慢学会怎么区分好人和坏人了。

ξ 解读经典：

父母要在日常生活中正确地引导，让孩子对身边的人和事有较清醒的认识，不要轻信外人，随便跟着陌生人离开。向孩子讲这些道理有时是残酷的，因为单纯的孩子会对此无法理解。他们并不明白为什么一个看起来挺"好"的人实际上是个坏人，反之，让他们相信一个长相凶恶的人是个好人也是一件很费劲的事。但无论如何，让孩子了解事情的真相，学会自我保护是迫在眉睫的事，也是所有父母必须尽到的责任。当然，教孩子认识到这些情况的时候，要考虑到孩子的理解能力和心理承受能力。

卡尔·威特经典游戏

今天妈妈是医生

适宜年龄：2岁以上。

游戏准备：一个玩具娃娃或玩具熊、一本大点的薄书（当医生的体重秤）和一个玩具听诊器。

游戏开始啦：

1 妈妈把听诊器挂在脖子上，对孩子说："你的孩子是不是该体检了？我当医生，你当娃娃爸爸/妈妈怎么样？"

2 孩子同意后，妈妈来当医生："嘿！你好！我是医生。我们来做体检吧！"然后给玩具放在书上称体重，娃娃靠在墙边量身高，用听诊器听娃娃的胸部。你还可以假装检查他身体的各部分。比如，"让我们来看看你的胳膊正常不，不错，它们工作状态良好"。

3 然后问问孩子想不想也当一回医生。妈妈可以拿起娃娃，说："嘿，医生！这是我的孩子，他准备好要体检了。你能给他检查检查吗？谢谢！"让你的孩子来主导。

游戏提示：可以发挥孩子的想象，减少他看医生的焦虑，培养孩子和医生的亲近感，让他了解医生并不是"坏人"。

小贴士

如果没有玩具听诊器，可以在小漏斗下端的细管上系一段绳子，自己来做一个。不过一定要认真看管好孩子，因为绳子有勒到孩子脖子的危险。

帮助孩子选择朋友

ξ 卡尔·威特经验：

卡尔·威特一直主张孩子不要去接触那些有坏习惯的人，并严格帮助小卡尔选择朋友；而卡尔·威特的朋友，活尔夫牧师持不同的观点，他认为好孩子的好习惯能够传给坏孩子，改掉坏孩子的习惯，并鼓励自己的儿子去和那些坏孩子交往，帮助那些有不好习惯的小朋友。这两种不同的教育方式取得了截然不同的后果。

由于对玩伴的不加选择，活尔夫牧师的儿子小威廉渐渐地发生了变化。卡尔·威特曾经无数次告诫过活尔夫牧师，但他仍旧置之不理，他坚持自己的观点，相信最终一定是自己的儿子改变那些坏孩子。但是，他发现孩子慢慢开始撒谎，说粗俗的语言，聚众赌博，并开始偷邻居家的鸡，这些都是坏孩子教给小威廉的。后来，沃尔夫牧师终于承认了卡尔·威特的观点，再也不让儿子和那些坏孩子玩了。

ξ 解读经典：

“近朱者赤，近墨者黑”，这个世界上大多数人是好人，可是不要忘了，在阳光之下一定会有阴影。在孩子能自由交友后，应引导孩子去区分好人和坏人，让孩子知道什么样的人值得交往，什么样的人应该避开。这并不是让孩子变成阴暗势利的人，相反，是让孩子学会正视这些并学会分辨，让他学会趋利避害。在初期，需要父母帮忙选择和把关，如果父母不加选择地让孩子们在一起玩，他们就互相逞能，有可能变成利己主义者，结果沾染上狡猾、虚伪、说谎、任性、嫉妒、憎恨、傲慢、说坏话、争吵、打架、诽谤、挑拨等坏品质，不利于孩子的健康发展。不过，这并不是说绝对禁止让孩子交朋友，而是说父母需起到一定的监督作用。在父母的协调下，孩子们会更加明白规则和规矩，当然前面提到的那些弊害也就避免了。

卡尔·威特经典游戏

我是你的好朋友

适宜年龄：孩子2岁时就可以玩这个游戏了。

游戏准备：《一对好朋友》的故事。

游戏开始啦：

1 妈妈给孩子讲一对好朋友的故事：茶壶对水杯说："我们是一对好朋友。"水杯说："对！"桌子对椅子说："我们是一对好朋友。"椅子说："对！"钥匙对锁说："我们是一对好朋友。"锁说："对！"雨伞对雨鞋说："我们是一对好朋友。"雨鞋说："对！"鸟笼对小鸟说："我们是一对好朋友。"小鸟说："不对!不对!"小鸟说："我的朋友是蓝天、白云、大森林和绿草地。"小鸟还说："爱鸟的孩子也是我的好朋友。"

2 然后采用一问一答的方式，指着实物为孩子："茶壶和谁是好朋友？"

3 最后问问孩子小鸟为什么说鸟笼不是小鸟的好朋友，引导孩子学会思考。

游戏提示：提高孩子的语言能力和分辨力，了解好朋友的概念，让孩子学会对不好的人要避而远之，对好的朋友要学会信任。

小贴士

妈妈和孩子还可以扮演茶壶和水杯等，让这个故事变得更加有趣。

明白武力不能解决问题

卡尔·威特经验：

有一次，小卡尔的姨妈带着她的儿子海因里希来做客，小卡尔与大他两岁的表兄一见面就成了好朋友，找到了许多共同的话题。尽管他们都接受了良好的教育，但毕竟还都是不太懂事的孩子。相处时期一长，他们之间便渐渐地产生了矛盾，有一次，居然突然在院子里拼打起来。家长们立刻跑过去将他们分开，问起原因，他们居然是为了争论历史书中的某一个问题。他们为了某一个历史事件而各持己见，谁也不能说服谁，到后来就通过打架来解决。幸好，这一天这两个孩子的长辈都在场，在家长的劝解和教育下，小卡尔和海因里希都认识到了自己的错误，承认这种靠武力解决问题的办法是永远不正确的。

解读经典：

孩子喜欢和朋友一起相处，在和小朋友一起玩的时候会更合作、更自信。进行集体游戏时，不用大人介入了，孩子会自动遵守规矩，但总免不了出现意见不合而吵架，甚至出现打架的现象。此时，父母应该先探究孩子打架的原因。如果大家的行为发生在正常交往过程中而且并不十分厉害，父母不应该过多干涉，让孩子自己去解决好了。在解决后，再引导孩子明白，打架是解决不了问题的，而应该遵守规则，寻找解决的办法。正是在这样协调、解决矛盾的过程中，让孩子学会怎样坚持自己的见解，加强孩子自律，提升控制力。对于基于双方规则无法解决的问题，应寻求帮助，或者找到一个共同的解决办法，在这样的过程中培养竞争合作的意识，不断增长与其他孩子交往的知识。

卡尔·威特经典游戏

找朋友

适宜年龄：孩子2岁大。

游戏准备：无须准备。

游戏开始啦：

1 带孩子去外面与同龄小朋友一起玩耍，让三个小孩子站在一起，大家一起拍手唱儿歌："找呀找呀找朋友，找到一个好朋友，敬个礼，握握手，我是你的好朋友，再见！"

2 然后一个孩子对另一个孩子做敬礼、握手的动作，然后挥手告别，再对另一个孩子做同样的动作。

3 在孩子与另一个孩子发生冲突时，耐心询问原因，鼓励他用言语表达出来，在冲突平息后让他们握握手，说："握握手，你是我的好朋友。"

游戏提示：让孩子学会交朋友，了解在人际交往中的初步行为，明白武力不能解决问题，要靠沟通和相互的理解。

小贴士

冲突在集体性的游戏中在所难免，孩子自己在冲突的过程中懂得和别人合作，树立基础的集体意识。

教孩子学会与人合作

卡尔·威特经验：

有一天，小卡尔和表妹在院子里用木块搭建房子。小卡尔像一位工程师，指挥他的表妹做这帮那。开始一切都很正常，可是后来小表妹就不听他的话了。她非要把一块圆形的木块放在小卡尔没有指定的地方，双方僵持不下，最后开始争吵起来。卡尔·威特问小卡尔争吵的原因，小卡尔回答："我只是为了她不听我的话而气愤，她不懂，而我很精通搭建筑。"卡尔·威特问他："妹妹在搭房子时捣乱了吗？"小卡尔回答："没有。"卡尔·威特耐心地分析："我认为，妹妹之所以那样做是因为她觉得那样好看。你平时一个人搭建筑的时候，我们都没有管你，是要你独自发挥想象力，可是今天不同了，既然妹妹也在参与这件事，你为什么不能给她发挥想象力的机会呢？今天你和妹妹在一起，不仅要玩得很高兴，还要充分发挥你们两个人的能力去把房子搭得更好。你要记住，一个人的能力是有限的，要想把事情做得完美，就要集合很多人的力量。妹妹有些地方不会，你应该耐心地教她，而不是任性地胡闹。你想想，如果你有什么地方不懂，而我不耐心地指导你却向你发脾气，会有什么后果呢？"

小卡尔明白了卡尔·威特的意思，第二天，小卡尔和小表妹合力搭起了一座极为壮观的"宫殿"。

解读经典：

团队合作在人际交往中非常重要，拥有这种精神的人有足够的魅力吸引别人帮助他完成工作，也有足够的意识和能力帮助别人完成工作，对团队来说是一个有价值的人、受欢迎的人。在孩子幼小时，主要是让孩子体会什么是团队精神。这种体会肯定是从家庭开始的，父母和孩子组成了最初的团队，比如让孩子参与家庭事务，让他负责一部分家庭责任，充分尊重他的意见，如果父母与孩子有矛盾，讲道理说明白，了解最初的团队精神。不过，这一阶段强迫孩子合作，或让孩子把他喜欢的玩具或食物送给小朋友是不现实的。父母可利用身边的实例，引导孩子学会合作。

卡尔·威特经典游戏

小小运输员

适宜年龄：2岁以上。

游戏准备：一套玩沙子的工具，包括小桶、小铲子等。

游戏开始啦：

1 在玩沙子时，告诉孩子要盖一个很大的房子，需要搬运沙子，然后引导孩子用小桶和小铲子搬运沙子过来盖房子。

2 在游戏中加些变化，比如跟孩子说他跟不上妈妈的进度了，要求他快一点或者要求每次多运点。

3 沙子太干不好用了，让孩子去找点水；房子盖好了，让孩子去周围找些树叶、草叶等装点房子周围。

4 父母也可以调换角色，自己运沙子，由孩子盖房子，他会更感兴趣。

游戏提示：让孩子分担游戏中的部分工作，让他理解分工合作的重要性。在这个游戏中，孩子担当运送的任务，对大动作锻炼有效。

小贴士

游戏结束后，回到家跟爸爸讲讲游戏的过程，回忆一下二人合作的情形，让爸爸赞美孩子跟妈妈配合得很好。

教孩子争取应得的利益

ξ 卡尔·威特经验：

有一位农夫找到小卡尔和他的小伙伴们，问他们愿不愿做一件值得称赞的事，这件事就是让他们帮助他收割麦子。孩子们一是觉得好玩，二是觉得自己能够做帮助他人的善事，便一口答应了。但农夫利用孩子们的善良帮他干活，自己的儿子和他本人却在麦田里玩耍。

卡尔·威特知道这件事后，并没有直接找农夫理论，而是向小卡尔讲清了其中的道理，让他清楚认识到农夫的行为是一种卑鄙的行径，然后又教小卡尔一个保持和争取自己权益的方法。

第二天，农夫仍然叫孩子们帮助他，但小卡尔开始为小伙伴们争取利益："只要你付清我们这几天为你干活的工钱，我们会帮你的。"农夫还在劝说孩子帮助他人是一种美德，小卡尔坚持自己的意见："对的，帮助人是美德，可是我们不帮你这种人。"小卡尔与小伙伴们转身就走，此时，农夫只好答应支付小卡尔他们应得的报酬。

ξ 解读经典：

帮助他人是一种美德，但要看是在什么环境下，是否值得自己的帮助。这个社会是复杂的，单纯的孩子很容易被狡猾而卑鄙的人所蒙蔽，利用孩子单纯而美好的心灵去获得利益。父母应教导孩子去分辨善与恶，维护自己的利益。父母有责任告诉孩子，在帮助别人的时候要注意：帮助别人，是件快乐的事情，不要想着要求回报，因为是别人有了困难才要帮助的。但是，帮助别人要注意量力而为，如果自己办不到，可以想想办法，但是，超出了自己的能力范围，就要寻求其他的救济手段了。在帮助别人的时候，还要分辨别人是否真正需要帮助，以机智的方式保护自己不受坏人的利用，学会了这些方法，这对他们的将来一定会有好处。

卡尔·威特经典游戏

你一个我一个

适宜年龄：2岁以上。

游戏准备：糖果、纽扣、蜡笔、葡萄干，任何可以分的东西。

游戏开始啦：

1 妈妈可以先示范给孩子看，一边说“你一个，我一个”，一边给孩子一粒，自己留一粒。

2 给孩子一小堆糖果，让他与妈妈分享。一边说“你一个，我一个”，一边把这些东西分到你和他的小盒子或盘子里。

3 随着孩子的长大，可以将爸爸、另一个小朋友叫来或玩具熊也一起玩，这样孩子就能练习把这些东西分成三份或四份了。

游戏提示：这个游戏可以让孩子学会分享，享受当家做主的感觉，而且还有助于把数字的概念教给孩子。

小贴士

如果孩子的独占心理比较强烈，妈妈可引导孩子从把东西借给自己开始，让孩子了解喜欢的东西可以暂时“借”给别人，最后还是会“还”给他，以此强调“借”“还”的概念，让他慢慢学会分享。

这个玩具是我的

适宜年龄：2岁半以上。

游戏准备：几个玩具。

游戏开始啦：

1 带孩子去公园玩耍，与孩子们一起分享玩具。当孩子不愿和同伴分享玩具时，不妨让他想想自己没有玩具时会有什么感受，以此来鼓励孩子与他人分享。

2 等孩子要回家的时候，鼓励孩子自己去要回自己的玩具，引导孩子说："那是我的玩具，我要回家了，请你还给我。"

3 如果对方的孩子不肯把玩具还给孩子，要引导孩子自己想办法，提高他解决问题的能力。

游戏提示：孩子学会分享后，也要让他学会维护自己的利益，要回分享的玩具是走出的第一步。在协商的过程中，也提高了孩子的语言能力。

小贴士

在孩子哭泣时，耐心地教他好好说话，让他明白，哭并不能解决问题。

好习惯影响孩子的一生

著名的教育家叶圣陶先生曾深刻指出："什么是教育，简单一句话，就是要养成良好的习惯。"好习惯一旦养成，孩子就像安装了一套自动程序，受益终身。父母是离孩子最近的人，需要从孩子的生活细节入手，培养孩子的各种良好习惯。

良好的卫生习惯

卡尔·威特经验：

从小卡尔1岁起，卡尔·威特就教他洗脸、洗手、刷牙，一天要洗几次，早起和晚上睡觉之前都要刷牙。他吃完饼干后，也让他刷牙，并且从小就教他用手绢擦鼻涕。

卡尔·威特还培养小卡尔喜欢洗澡的天性。如果水温过高或过低，孩子就不愿洗澡，所以，他一开始就注意调节水的温度。卡尔·威特和妻子每天都给小卡尔洗澡、按摩手脚，这样既能发展他的触觉，又能促进血液循环和肢体的灵活。

小卡尔的母亲非常注意让小卡尔保持身体的清洁卫生，因为身体清洁也能促使孩子保持自尊心。此外，小卡尔的母亲生活朴素，并不浓妆艳抹，把分寸把握得特别好，避免让小卡尔沾染上好打扮、好漂亮的坏习惯。

解读经典：

良好的卫生习惯是保证孩子身体健康的必要条件，对预防疾病、保证健康有重要的意义。当保护孩子免受环境不良因素影响、坚持健康生活习惯时，孩子的免疫系统及身体各个部分的机能都将更好，而身体的清洁也能促使孩子保持自尊心。幼儿时期是孩子养成良好生活卫生习惯的关键时期，因此，父母应经常引导孩子勤洗手、勤刷牙、定期剪指甲等，并随着孩子年龄的增长放手让他去做，培养孩子良好的卫生习惯。不过，教孩子打扮自己要掌握分寸，孩子只要整洁大方就可以了，不要太奢侈。父母要做好榜样，才能不让孩子沾染上坏习气。

卡尔·威特经典游戏

洗刷刷洗刷刷

适宜年龄：2岁半以上。

游戏准备：一个用来洗碗的塑料大盆、餐具洗涤灵、温水、塑料或其他不会摔坏的锅、洗碗布、海绵或刷子、用来铺在地上的报纸或旧毛巾。

游戏开始啦：

1 在地上铺好报纸或旧毛巾，将大盆放在毛巾上，把要洗的碗碟和锅放在大盆旁边，然后跟孩子说："今天宝宝要帮妈妈洗碗了。"

2 在塑料大盆里注入温水，然后让孩子挤一些洗涤灵，引导孩子用手搅水弄出泡泡，他一定会很开心。

3 让孩子在水里放入碗碟，选择他认为适合的洗碗工具，然后就放手让他洗碗吧。

4 孩子全部洗完后，引导他用擦碗布把碗擦干收起来，并尝试着让他做收起报纸、用旧毛巾擦干地上的水等工作。

游戏提示：可以培养孩子的精细动作能力，一步一步完成洗碗的过程可以培养他的耐心，参与的收尾工作会让他养成良好的卫生习惯。

小贴士

有水的地面比较滑，妈妈要防止孩子摔倒。

衣着整洁的好习惯

卡尔·威特经验：

这个好习惯其实是卡尔·威特的妻子培养的。卡尔·威特的妻子发现，有一位母亲把女儿送到女子学校去上学，她省吃俭用，不但自己打扮得过分艳丽，还使女儿穿上与其身份不相称的艳丽服装。有一次，她女儿对小卡尔的母亲说："我妈妈穿着那么花哨的服装到学校来，使我感到非常难堪。由于母亲这样做，我从4岁起就感到很难为情。"

卡尔·威特的妻子对卡尔·威特说，做母亲的不应该这样。母亲的着衣风格品位还影响着孩子的自尊，她虽然是为了女儿好，但还是失去了女儿对她的尊重。衣冠不整，精神上必然是散散漫漫，所以，衣冠端正，能使人精神抖擞。

卡尔·威特的妻子非常注意这一点。她不仅自己衣着得体，也把小卡尔装扮得整洁大方，堂堂正正。她给小卡尔穿着的服装虽不奢侈，但都是整洁的。

解读经典：

父母是孩子的范本。母亲衣冠不整，孩子也是如此，这是不言而喻的。作为一个母亲，首先要自己以身作则，既不应散漫，也不应过分打扮。如果一个母亲好穿新奇的服装，打扮得过分艳丽，走在街上会成为人们的笑柄；而因懒惰而衣冠不整，也同样引人耻笑。当孩子看到自己的母亲被其他孩子讥笑时，就会感到很难堪。不仅如此，这还会给孩子的精神带来很坏的影响。因此，父母不但自己要注意着装整洁，也要孩子从小懂得衣着整洁、美观大方、穿着得体，才能给人美的感受，也可以从中得到自信。

卡尔·威特经典游戏

猜猜他是谁

小贴士

孩子对大人世界充满了好奇，如果有机会让他们尽情扮演，进入大人的世界，相信孩子会得意得不得了，打从心底拥有一种探索成人世界的满足感与成就感。

适宜年龄：2岁以上。

游戏准备：家中人经常穿的有特色的衣服。

游戏开始啦：

1 妈妈可以先给孩子示范："我喜欢我们家中的一个人，她今天穿了一件蓝颜色的毛衣外套，一条灰色的裤子，腰上扎着围裙，头上已有白头发了，猜猜她是谁?"让孩子猜，并要求他将所猜的人的特征加以叙述。

2 然后拿起奶奶的衣服让孩子扮演，此时让孩子自行穿脱，妈妈在一旁协助。穿好了，然后让孩子说出自己扮演谁，要做什么，他惟妙惟肖的表演会让你捧腹大笑。

游戏提示：这样可以培养孩子的观察能力，训练他的语言表达能力，也可以了解不同年龄的人的穿衣风格。

忽视孩子想引人注意的坏习惯

卡尔·威特经验：

有一天，卡尔·威特的朋友想让他提供一些管教孩子的办法。这位朋友认为自己的儿子很讨厌："他不仅喜欢嘲弄别人，连吃面包也与其他孩子不同。他明明知道我讨厌他的某些行为，可他偏偏那么做，好像是专门在气我。"

于是，卡尔·威特特意仔细观察了这个调皮的孩子，发现他吃面包的时候，把面包皮细心地剥下来，然后用手把它捏成一个球形吃掉，而把剩下的部分丢在盘子里。与此同时还得意扬扬地对他母亲说："妈妈，我把面包皮剥下来了！"他的母亲开始训斥他，父亲也要发怒了。对于孩子的这种行为，卡尔·威特给朋友出了一个主意。第二次，这个孩子故技重演，像往常那样把面包皮剥下来后，也对母亲说："妈妈，我把面包皮剥下来了。"可是她的母亲只说了一声："我知道。"孩子说："你不说我吗？""不说。"没过多久，孩子就改掉了剥面包皮的坏习惯，也用和其他人一样的方法吃面包了。

解读经典：

这个孩子的坏习惯主要在于想引起大人的注意，而卡尔·威特选择忽视的方式很快就让孩子改掉了这个坏习惯。在生活中，经常会出现这样的情况：孩子表现出了不良行为，比如打架、浪费、偷东西、撒谎……这时父母着急了，训他、骂他，甚至打他。这样做的结果非但解决不了问题，而且会产生更大的副作用。孩子的很多坏习惯都是为了引起大人的注意，而大人的反应又更加强化了他的那些坏习惯。在孩子眼里，父母的责骂就是一种奖励，而他的做法就是为了这种奖赏。后来，父母对他的这一举动不闻不问，毫不关心，他自己也渐渐觉得没趣了，所以在不知不觉中改掉了坏习惯。因此，我们不要因为孩子的不良行为而专门去教训和打骂他，而要去发现孩子的长处。对于那些个性很强，精力旺盛，从不受别人指使的孩子更加应该这样。父母发现了孩子的长处，尽量对他的良好行为进行夸奖，强化他的好习惯，他自然而然也会变得听话起来。

卡尔·威特经典游戏

敲大鼓

适宜年龄：2岁以上。

游戏准备：几个玩具鼓，或者准备几个奶粉罐、罐头盒等，开口朝下翻过来当鼓，用木勺当鼓槌。

游戏开始啦：

1 妈妈和孩子一起坐在地板上。在每人面前放一面或几面鼓，妈妈先做个示范：如果用力敲，就会发出很大的“咚咚”声，而如果轻轻地敲，发出的“咚咚”声是轻柔的，这样通过快敲和慢敲的不同，让孩子有个节奏感。

2 让孩子自己尝试着敲，当他敲响时，妈妈要赞扬他的努力，并马上加入进来。你也可以打开音乐，随着节奏敲，体会不同类型的声音。

游戏提示：培养孩子节奏感、精细动作技能、理解因果关系，说不定还会激发他敲鼓的兴趣，喜欢上架子鼓呢。

小贴士

有的孩子喜欢敲碗，对于这样的行为父母不要严加管束，以免变本加厉。就随他去吧，或者用这个敲鼓活动来吸引他的注意力，慢慢地他就会对敲碗失去兴趣。

良好的用餐习惯

卡尔·威特经验：

卡尔·威特特别注意培养小卡尔的饮食习惯，在吃饭的时候，尽力让他愉快地进餐。为了小卡尔的健康，也为了让他不要养成贪吃的习惯，卡尔·威特时常对他讲吃得过多的害处，并和妻子严禁小卡尔随便吃点心、零食。为了给小卡尔加强营养，卡尔·威特和妻子对小卡尔规定有固定吃点心的时间，并对此有合理的安排。卡尔·威特在凡有朋友的孩子生病的时候，都会带他去探望，让他更为直接地体会身体健康及饮食合理的重要性，这对他是一种很实际的教育。

在餐桌上，小卡尔也会受到严格的教育，卡尔·威特告诉他，盛入自己盘中的食物一定要吃光，这样能够培养他勤俭节约的意识，同时又是一种磨炼。如果小卡尔想吃水果或点心，不论那种诱惑有多大，卡尔·威特都会让他必须先吃完饭菜，不会对他有丝毫的通融，这不但让小卡尔养成良好的用餐习惯，对培养他的自制力也有很好的效果。

解读经典：

良好的用餐习惯是后天建立起来的，妈妈不仅要保持孩子进餐环境的清洁、整齐、愉快，在孩子刚学习吃饭那天起就要培养孩子良好的用餐习惯。比如在餐桌旁给孩子选择一个自己就餐的座位，给孩子适量的食物，由少到多，避免浪费。让孩子在饭桌上与大人一起吃，大家都吃得很香一定会感染他，增加他的食欲。两岁半以后孩子完全可以自己吃饱，父母只要注意控制孩子吃饭的时间就好了。如果孩子不爱吃什么东西，要给他讲清道理或讲一些有关的童话故事（自己编的也可以），让他明白吃的好处和不吃的坏处，但不要呵斥和强迫。值得注意的是，孩子良好的进餐习惯不是单靠父母教育出来的，而是更多取决于父母以身作则、潜移默化的影响。想要孩子吃蔬菜，父母自己也要注意多吃，养成孩子良好的用餐习惯。

卡尔·威特经典游戏

给娃娃喂饭

适宜年龄：2岁以上。

游戏准备：碗、勺子、布娃娃或其他孩子喜欢的软玩具。

游戏开始啦：

1 让娃娃坐在餐桌旁的椅子里、孩子坐在儿童餐椅上，给他一套他在吃饭时真的会用的碗勺，告诉孩子："宝宝吃饱了吧，娃娃也饿了，要吃宝宝的饭，你来给娃娃喂饭吧！"

2 在喂饭的过程中，假装碗里装着湿的容易洒的东西，比如酸奶或汤，让孩子端正饭碗。鼓励孩子用勺子时对着玩具熊说话，妈妈也可以从中引导孩子培养良好的用餐习惯"哎呀，注意别一次给娃娃太多"或者"我看得出来娃娃很喜欢吃蔬菜""娃娃一吃就吃完一碗，真厉害"。

3 要让娃娃吃完一整碗，然后告诉孩子娃娃吃饱了，让他帮助娃娃擦完嘴即可。

游戏提示：让孩子更好地用勺和碗吃饭，并养成定点用餐、好好吃完饭的好习惯。此外，给娃娃喂饭也能让他学会为别人服务。

小贴士

一定要让孩子坐在一个固定的位置吃饭，定时、定餐、定位、定用具，不能跑来跑去，也不能边吃边玩，否则进餐时间过长影响消化吸收。

专心致志的习惯

ξ 卡尔·威特经验：

卡尔·威特认识一个孩子叫哈特威尔，他非常聪明，但成绩不是很尽如人意。卡尔·威特觉得很奇怪，于是与哈特威尔的父母一起悄悄地观察孩子的学习情况。学习的时间到了，哈特威尔像往常那样坐在书桌前准备背诵荷马的诗。当时他在默诵，卡尔·威特能听到他小声地诵读，可是，不一会儿，他小声的朗读声渐渐没有了，卡尔·威特发现他的眼睛并没有放在捧着的书本上而是抬起头呆呆地望着窗外。卡尔·威特知道他学习走神了，于是悄悄地走进去，轻轻地在他的肩膀上拍了拍，轻声地问哈特威尔想什么想得那么入迷。哈特威尔兴高采烈地向卡尔·威特描述他成为英雄帮助弱小朋友的场面，卡尔·威特耐心开导他："你知道吗？帮助别人是好事，但不能光坐在这里想呀！你现在看的是荷马的诗，这里面有很多英雄的故事，你应该在书中寻找那些英雄的事迹，看看他们是怎样成为英雄的。何况，你现在正在学习，其他的事情都应该暂时放下，努力地学好本领才会使自己成为一个强者。而不是在书桌前幻想自己成为英雄，你说对吗？" 小哈特威尔领悟了："现在我在书本中学习英雄的智慧，等学完后我再到外面去锻炼身体，等我长大后，就可以真正地帮助那些弱小的人们了啊。" 说着，他便捧起了书本，专心致志地学习起来。后来，哈特威尔的学习果然进步非常快。

ξ 解读经典：

孩子小时候对万事万物都有极强的好奇心，也有很强烈的求知欲，兴趣广泛，很多的孩子成天在书桌旁学习却没有好的成绩，大多是由于不能专心导致。他们坐在那里发呆，捧着书本却心在别处，或者望着天空想入非非。这样的状态，当然不能够学好知识，与其这样，还不如到外面去痛痛快快地玩一场。卡尔·威特运用巧妙的方式引导哈特威尔，让他专心致志学习，成绩自然提升得很快。

卡尔·威特经典游戏

哪只手里

适宜年龄：2岁以上。

游戏准备：能放进手掌里的小东西。

游戏开始啦：

1 妈妈把一个小东西攥在手心里，先让孩子看一下在哪只手里，然后把双手都藏在背后（如果有必要，也可以将东西换一只手）。接着，把两只手都从后面伸到前面来，让孩子猜猜那个小东西在哪只手里。

2 妈妈保持神秘的笑容，制造些悬念，让孩子略显得紧张，然后慢慢打开他选择的那只手， 如果猜中了他会更加开心。

3 妈妈偶尔也可以玩一个小花招，悄悄地把玩具放在背后，不放在手里。然后在孩子的期待中打开一只手，再打开另一只手，孩子会大吃一惊，不过很快他就会跑到背后找到玩具。

4 之后也可以让孩子藏一藏东西，让妈妈猜一猜。不过无论妈妈猜对还是错，都要记得表现出高兴或沮丧的情绪。

游戏提示：让孩子注意观察，养成专心致志的习惯。

生活规律的好习惯

ξ 卡尔·威特经验：

卡尔·威特对于小卡尔，很早就有意地锻炼他过一种有规律的生活。卡尔·威特曾经对小卡尔说过："你必须早上按时起床，否则我会认为你是放弃你的早餐，你要为你的行为负责。" 有一次小卡尔起床太晚，超过了给他规定的时间，当他来到餐桌前时，卡尔·威特早已经收拾好了一切，并没有留给小卡尔早餐。小卡尔想为自己的过失辩解一番，但卡尔·威特对小卡尔说："真遗憾！我也很想把牛奶和面包留在你的位置上，但我们以前有过约定，我不能随意破坏它。这只能怪你自己。" 并没有心软给小卡尔早餐。因为卡尔·威特认为，这样的情况下，早餐本身并不是最重要的，重要的是教育小卡尔遵守约定的重要性，这样还可以让他形成良好的生活规律。

ξ 解读经典：

规律的生活会让孩子学会周密地计划自己的时间，完成他的学习任务，发挥他的兴趣爱好。这并非是想把他限制在条条框框之中，而是要让他充分地发挥自己的天赋才能，达到真正的自我完善。

为了让孩子养成生活规律的好习惯，父母应从日常生活做起。在婴幼儿时期，让孩子养成定点作息的习惯，比如按时起床，定点吃饭，什么时候玩游戏等，孩子习惯了每天要做的事情，生活自然会规律起来。值得注意的是，在规律生活作息方面父母也应以身作则，如果父母自己本身的生活就没有规律，孩子在认识时间、遵守生活规律方面就会无所适从。

卡尔·威特经典游戏

炒大米

适宜年龄：2岁以上。

游戏准备：一个大锅、一个搅拌勺、几个塑料量杯、一个塑料碗或木碗、一杯或两杯生大米。

游戏开始啦：

1 在厨房操作台旁放一把牢固、安全的椅子，让孩子稳稳地跪坐在上面，也可以让孩子跪坐在茶几旁，在上面垫几张报纸即可。

2 妈妈先给孩子演示怎样用量杯从碗里舀出一些米来，倒在锅里，用勺炒，然后让孩子自己动手炒大米。

3 孩子炒好后，妈妈可以请他给你尝尝，尝时妈妈可以咂巴着嘴假装吃着，然后做出评价，并夸奖他。

4 在游戏后，妈妈可以提醒孩子，厨师做完饭后，会打扫厨房，让他帮助妈妈把掉在地上的大米扫起来。

游戏提示：培养孩子的精细动作技能和想象力，学会自理。

小贴士

如果孩子老是把生米粒放进嘴里，妈妈可以用炒熟的米或者圆形的早餐谷物来代替大米。

坚持不懈的好习惯

卡尔·威特经验：

小卡尔的数学非常好，任何有关数学的题目都能够似乎很不费力地解答。为了让小卡尔的能力有所提高，有一次卡尔·威特给他安排了一道远远超出他能力范围的题目。过了很长时间，小卡尔没有做出来。卡尔·威特安慰他："现在已经超过了时间，如果你认为太难就先休息一下吧，明天再来解决它。"小卡尔拒绝了，要求再给他一点时间："您不是告诉我要坚持不懈吗？我已经找到了解这道题的方法，就是差一点点。我想我马上就能完全解答它。"卡尔·威特和妻子已经做好小卡尔不能解出题的思想准备，只是觉得儿子既然有那份恒心就尽量支持他，在外面耐心等着。后来，卡尔·威特终于听到了小卡尔兴奋的喊声，知道他成功了。自从那次之后，小卡尔的解题能力得到了大大的提高。

当卡尔·威特问及小卡尔有没有想到放弃的时候，小卡尔说："想到过，有很长一段时间，我感到头疼，脑袋都要涨破了。但我听到自己心中有一个声音在说：坚持一下，再坚持一下，所以，我就发誓一定要坚持下去，非把它解答出来不可。"

解读经典：

小卡尔通过这一次的练习对只要坚持就会成功的道理有了更深的体会。人生中总会遇到很多困难，养成坚持不懈的习惯，坚持自己认准的事情，一切困难才会迎刃而解。父母应注意从小培养孩子坚持不懈的习惯，在孩子遇到困难时，不要轻易让孩子放弃，而是用各种方法去鼓励他：坚持一下，再坚持一下，直到他取得胜利。当孩子成功后，就用欢呼和亲吻来庆祝孩子的胜利，让他体验奋斗、成功的喜悦。不但能让孩子体会努力之后的成功，提升了各种水平，还可以培养孩子坚持不懈的能力，久而久之就让他形成了一种好习惯。

卡尔·威特经典游戏

小熊哪去了

适宜年龄：2岁以上。

游戏准备：用纸、盒子等将玩具熊重重包裹，如纸包套小盒子，小盒子套大盒子，最少包5层。

游戏开始啦：

1 妈妈将包裹好的玩具拿给孩子，顺手摇动盒子让孩子听听，让他好奇盒子里的东西，然后神秘地告诉孩子："你的小熊在里面，打开看看。"让他确定他的怀疑是有理由的，从而产生打开盒子一探究竟的冲动。

2 把盒子交给孩子，看他怎样打开盒子和其他几层包装。打开第一层包装，找不到小熊，孩子会产生失落情绪，妈妈可以继续鼓励他："小熊是不是在这个里面？再打开看看。"让孩子继续坚持。

3 孩子遇到比较难打开的包装时，妈妈要做指导，最后让孩子自己找到小熊，妈妈用高兴的语气说："小熊真的在这里啊！"孩子会很有成就感。

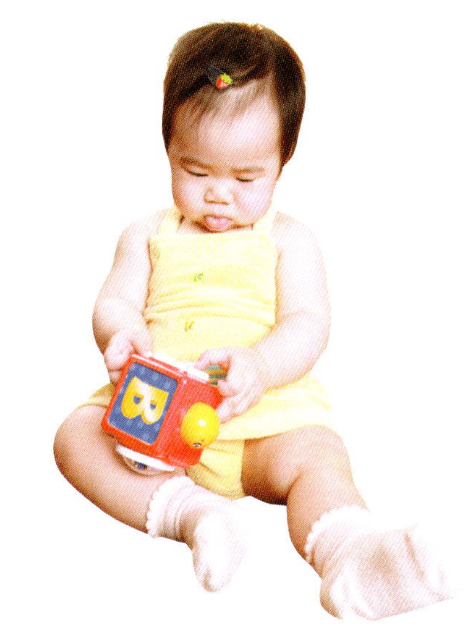

游戏提示：孩子在这个游戏中会反复经历希望、失望，最后喜出望外，会初步领会坚持不懈就会有好结果的意义。

小贴士

孩子打不开时会要求家人帮忙，告诉家人最好不要完全代劳，只给出方法，指出窍门就行，最后还是要让孩子自己动手操作。

珍珠项链

适宜年龄：2岁以上。

游戏准备：剪一段比穿大人的项链略长的线，一盒珠子。

游戏开始啦：

1 妈妈可以先给孩子做个示范，右手拿绳，左手拿起一个珠子，将绳子从小孔穿出，右手接过绳头将珠子串起来，然后让孩子尝试。

2 刚开始时，孩子可能穿不进去，妈妈注意鼓励他："那么漂亮的珠子项链戴起来该多漂亮啊，宝宝加油。"鼓励孩子坚持下去。

3 孩子穿珠子的时候，妈妈要抓住线的一端，这样珠子就不会掉下来，最后，把这条线的两端系在一起，一条漂亮的彩色项链就做好了，给孩子带上吧，他肯定会非常自豪的。

游戏提示：从始至终地创造出东西会让孩子获得真正的成就感，也是促进他集中注意力、坚持不懈的一个好方法。

小贴士

要学会自己的事情自己来做，对孩子来说不是一件容易的事情，父母要循序渐进，不能过高要求孩子，而是给他安排一个进度表，一个一个地完成。

Part 10

培养孩子最重要的优秀素质

Peiyang Haizi Zui Zhongyao De Youxiu Suzhi

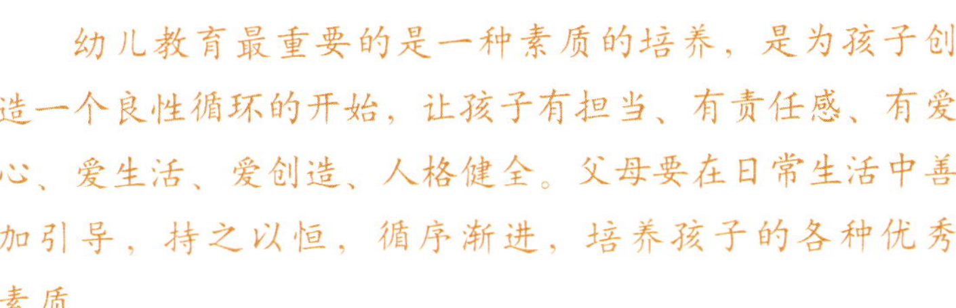

幼儿教育最重要的是一种素质的培养，是为孩子创造一个良性循环的开始，让孩子有担当、有责任感、有爱心、爱生活、爱创造、人格健全。父母要在日常生活中善加引导，持之以恒，循序渐进，培养孩子的各种优秀素质。

培养孩子的诚信观

卡尔·威特经验：

卡尔·威特很注意在日常生活中培养小卡尔对自己的行为负责，建立诚信观。他曾经对小卡尔说过："你必须早上按时起床，否则我会认为你是放弃你的早餐，你要为你的行为负责。" 有一次小卡尔起床太晚，超过了给他规定的时间，当他来到餐桌前时，卡尔·威特早已经收拾好了一切，并没有留给小卡尔早餐。小卡尔想为自己的过失辩解一番，但卡尔·威特对小卡尔说："真遗憾！我也很想把牛奶和面包留在你的位置上，但我们以前有过约定，我不能随意破坏它。这只能怪你自己。"并没有心软给小卡尔早餐。因为卡尔·威特认为，这样的情况下，早餐本身并不是最重要的，重要的是教育小卡尔遵守约定的重要性。

解读经典：

诚信并非与生俱来，而是后天培养的。父母从小就应帮助孩子在心中树立起"以诚信为本"的概念。遗憾的是，屡屡"说到做不到"的父母，为孩子提供的恰恰是反面教材，特别是在吃饭这个问题上，因为父母总是怕饿着孩子。像"再不来就不给你吃"这样的话通常只为吓唬孩子。既然什么时候想吃都有得吃，既然你从来都是"说到做不到"，孩子当然会对你的话充耳不闻。你一定要跟卡尔·威特一样，让孩子明白，吃饭是自己的事，如果不按规则来就要自己承担后果。每日三餐要定点定量，如果孩子一顿不吃，就必须等到下一顿，这不仅能让孩子体会一下"饥饿感"，更重要的是让孩子明白，如果不吃，就真的会饿肚子。"说到做到"不仅能树立你在孩子心中的权威，也教育了孩子：父母尊重你的选择，但你要接受因此带来的后果。

卡尔·威特经典游戏

邮差的责任

适宜年龄：3~6岁。

游戏准备：一件要交给爸爸的东西。

游戏开始啦：

1 妈妈把东西拿给孩子，告诉他："孩子做小邮差吧，等爸爸回来，把这个东西交给他。"提出要求："千万不能弄丢了，这是邮差的责任。"并承诺："爸爸收到它之后，妈妈会给你1块钱作为报酬。如果找不到了，你要给妈妈1块钱作为赔偿哦。"

2 孩子如果始终保护着妈妈交给的东西，并成功地将东西交给爸爸，妈妈给孩子1块钱作为报酬，并夸奖孩子有责任感。

3 如果孩子过一会儿就忘了责任而把东西随便扔，等爸爸回来，孩子不能交出来，就拿走孩子的1块零花钱，告诉孩子这是不负责任的代价。

游戏提示：交给孩子一件必须经过等待才能完成的事，这可以让孩子持久地担负责任，而把一件事有始有终地做完，对好的生活习惯培养也有好处。

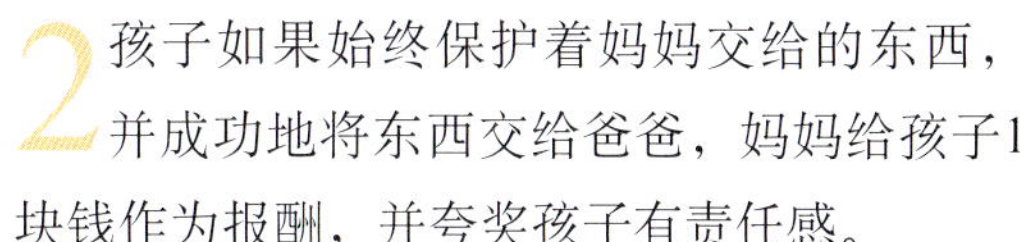

小贴士

无论孩子有无完成任务，妈妈都要善于带着孩子总结经验，比如告诉他其实他可以找个地方把东西先放好，等爸爸回来以后再取出来，这样既负责任又省心省力。

从小就培养孩子的勇气

卡尔·威特经验：

小卡尔并非天生就是有勇气的孩子。小时候，他的胆子非常小，有时还不如一个小姑娘。有一次，邻居家的孩子莫丽把帽子扔到了树上，用尽办法也没有弄下来，想自己爬树，又因为太小而无法爬上去，只好向正在旁边玩的小卡尔求救。小卡尔的年龄比莫丽大一些，个子也高出许多，按理说他应该能爬上去，可是小卡尔却拒绝了她，因为他害怕自己会摔下来。卡尔·威特看到了，耐心地告诉小卡尔没有危险，但他还是显得很害怕。于是，卡尔·威特便脱掉外衣，示范给小卡尔看：这是没有什么危险的。而且卡尔·威特并没有立刻取下帽子，而是鼓励小卡尔试试看。小卡尔仍然很害怕，但卡尔·威特的行为给了他信心，当他一步步地爬上高处时，便不再害怕了，高兴地对卡尔·威特说："原来这并不可怕呀！"并帮莫丽取下了帽子。从此以后，小卡尔再也不像以前那么胆小了。

解读经典：

勇气是一个人积极进取的动力，无论一个人有多么好的才华，无论他掌握了多少丰富的知识，锻炼出多么健壮的体魄，如果他是一个懦弱的人，如果他没有勇敢精神，那么他最终只能成为一个无能的人。勇气与其他方面的能力一样，不是天生而来的，也是通过训练和培养而产生的。父母应从孩子很小的时候开始，注意对他勇气的培养，让他懂得勇敢精神对于人来说是何等的重要。这就要求父母放手让孩子去勇于尝试，引导孩子锻炼勇气。在孩子不敢去做时，父母的示范是对孩子的最大的鼓舞。

不要因为担心孩子受到伤害而不顾一切地呵护孩子，有很多事实可以证明，父母对孩子的过分保护会使孩子失去自信心和勇气，变成一个没有勇气的人。

卡尔·威特经典游戏

让我们荡起双桨

适宜年龄：2岁以上。

游戏准备：不需准备。

游戏开始啦：

1 妈妈跟孩子说："我们来玩划船吧。"把椅子和凳子前后放置，凳子在前，椅子在后，孩子坐椅子，妈妈坐凳子，然后让孩子抓着你的腰。坐好后，可以拿着扫帚当船桨，唱起歌曲《让我们荡起双桨》，同时前仰后合地假装划船，带动孩子跟着自己一起前仰后合。

2 唱一遍过后，将凳子与椅子分开些，妈妈坐在凳子上跟孩子面对面，假装向凳子底下张望，看到了各种鱼和小石子。

3 给孩子扫把或者拖把，让孩子跟着妈妈一起划船。要求孩子的扫把或拖把跟妈妈保持一致的规律和方向，孩子的身体仰合方向也与妈妈保持一致。

游戏提示：把椅子当作船玩划船，想象、描述划船过程中的各种情形。

小贴士

带孩子玩这个游戏之前不妨真的去划一次船，让孩子变得更加勇敢。

让孩子学会适当的服从

卡尔·威特经验：

卡尔·威特认为，服从也是孩子的重要品德之一。孩子生下来就是利己的，这似乎是一种天性。对于正确的事物，父母应该坚持。如果孩子面对正确的事物而不接受，父母必须让他们学会服从。曾经，法国的皇帝问他的一位元帅的母亲："您是用什么教育方法把自己的儿子培养成如此伟大的人物的？"元帅的母亲回答道："我只是教儿子好好地服从。" 为了使孩子养成服从的习惯，父母应该首先持正确的观点，要对孩子讲清楚，父母让他干什么，是因为什么应该去做；父母不让他做什么，是因为什么不应该去做。一切都要以理服人，不能平白无故地强迫孩子服从自己。父母应该让孩子明白，这样做都是为他们着想的，这样从很小的时候就教他为他人着想，教他怜悯他人，孩子绝不会成为利己主义者。

解读经典：

孩子的本性是贪婪的，他们对他人要求多，为他人着想的极少，如果过于宠爱，很容易养成他们无法无天的脾气，父母也会感到难以调教。此时，可以在孩子养成坏习惯之前给孩子制订规则，并耐心向孩子解释，让孩子理解这些规则，这样让他更容易遵守和服从。比如，不要只是告诉孩子不能不拉着妈妈的手就自己跑到街上去，而是要告诉孩子他那样为什么不安全，为什么要遵守这条规定，这样会让孩子明白，在他违反规则时妈妈就会警告他的原因。在孩子学习遵守的过程中要保持耐心。大多数孩子都需要很多次温和的提醒才能学会去遵守规则。在孩子违反规则时，也不应该随便责打他们，而是要注意教育方法，引导孩子去服从，这样，孩子很快就会成为不自私的人。

卡尔·威特经典游戏

跟着我走

适宜年龄：3~6岁。

游戏准备：不需要任何准备。

游戏开始啦：

1 妈妈和孩子并排站立，妈妈说："宝宝请跟着妈妈走。"然后喊："一，迈左腿。"迈出左腿，让孩子模仿你的动作。

2 然后喊："二，迈右腿。"再教他迈右腿，妈妈忽左忽右、忽然直线地行走，看孩子是不是会乐哈哈地跟着你往前跑。

3 妈妈做出外八字、内八字脚，边做边说："我的脚是内八字。你的也是吗？"引导孩子看看自己的脚和妈妈的脚有什么不同，让他按照妈妈的样子做。

4 你还可以做几个高难度动作，比如跳起来、跨过去，在孩子达不到的时候，可以鼓励他："等宝宝长大了就好啦！"

游戏提示：培养孩子的观察能力以及模仿能力，也可以让他尝试着去面对失败，磨炼他的心理承受能力。

小贴士

在游戏过程中，不能总让着孩子，这样不利于孩子的成长。

磨炼孩子的心理承受能力

卡尔·威特经验：

卡尔·威特告诉小卡尔："真正的男子汉需要有智慧，有坚强的毅力，并且敢于承担生活中的一切困难和挫折，应该有超人的勇气。"并时常告诫小卡尔，人的一生要遇到很多困难和挫折，但他必须成为一个坚强的人。心理承受力差的人很容易被困难打垮，而一个坚强的人往往能在挫折中找到成功的途径。

卡尔·威特教他从一开始就学会忍受失败带来的负面影响，并勇敢地面对它，从心理能够接受失败，进而养成持之以恒的性格。有一次，卡尔·威特给小卡尔布置了3道超出他能力范围的数学题，小卡尔做不出来，然后对数学失去了信心。卡尔·威特告诉小卡尔自己是故意的，目的是让小卡尔了解，虽然他的数学很出色，但还是会碰到困难，会有失败的时候，需要经过不断的努力去征服。卡尔·威特尽力教育小卡尔懂得一个道理：失败是走向成功的必由之路，关键是要尽自己最大的努力，这样才能成为一个真正的男子汉。

解读经典：

卡尔·威特从小让小卡尔学会勇敢面对挫折，从小磨炼他的心理承受能力。从一个人成长的一般规律看，逆境、挫折的情境更容易磨砺意志，从失败中走向成功。对于小的孩子而言，父母应该了解孩子的努力，正视他的失败，让他承受一些小挫折使他努力尝试并继续学习。值得注意的是，一点这种小挫折就能使你的孩子成长，但是过多的挫折会产生相反的作用。如果孩子经常独自面对不可能的任务而且总是失败，他就会放弃。此时，父母在能够听到或看到孩子正在变得越来越挫败，并因此效率越来越低时，就要准备好过去帮把手。不过，这种帮助不是直接的，即使在那种情况下，也要设法找出他的问题是什么，并给他提供能够达到成功的最小的帮助，完全替他做并不能帮到他，以此慢慢训练孩子的心理承受能力。

卡尔·威特经典游戏

拆宝塔

适宜年龄：3岁之后。

游戏准备：积木一套。

游戏开始啦：

1 与孩子一起或者让孩子自己独立垒成宝塔。

2 让孩子把它推倒，如果他不愿意，父母就自己推倒，然后看他是否会跟着做，再鼓励孩子自己将宝塔堆起来。

游戏提示：让孩子学会接受失败，培养孩子的自信心。

小贴士

游戏结束后与孩子一起整理积木，养成他自理的生活习惯。

培养孩子的耐力和毅力

ξ 卡尔·威特经验：

有一次，小卡尔花了很大的功夫用木块搭起了一座城堡，有房屋、有城门、城墙，还有做得精致的小桥，但一不小心，衣服挂住了城堡，最后他的杰作变成了一片废墟，小卡尔差点哭了出来："爸爸，我不小心毁掉了。多可惜呀！它本来很美……"卡尔·威特鼓励小卡尔说："儿子，既然是你自己不小心，就没有理由抱怨，也不应该难过。你自己能做好第一次，也一定能做好第二次。为什么傻坐在那儿呢？干吗不重新做一个，也许还会更好呢。"小卡尔于是重新开始，没想到第二次做得更加精确完美："爸爸，我认为这一次比前面那个做得要好一些，因为我在做第二次的时候又对它做了不少的修改，并且做得快了许多。" 这种结果是肯定的，只要孩子能够有信心开始第二次，那么就会有更好的成果，因为他已经在第一次中积累了丰富的经验。

ξ 解读经典：

小卡尔第二次做城堡，非要有很强的耐心和毅力不可。正是卡尔·威特的鼓励，让小卡尔并没有轻易地放弃，而是选择了重新开始，而在重做的过程中，又锻炼了他的耐心和毅力。锻炼孩子毅力的方法还有很多，坚持搭建积木或者沙城堡，串珠、拼图、拼插玩具等，最重要的是鼓励孩子坚持玩下去。孩子的注意力较低，兴趣容易转移，父母需要鼓励孩子一心一意做好某件事。父母还可以帮助孩子选择一项兴趣爱好，如钢琴、绘画、舞蹈等，在让孩子坚持的过程中培养耐力和毅力，还可以培养孩子的艺术修养。

卡尔·威特经典游戏

排长龙、搭高楼

适宜年龄：2岁半以上。

游戏准备：积木一套。

游戏开始啦：

1 把积木给孩子，让孩子给排一条长龙出来，要求孩子排得越长越好，这次要求排满茶几，下次可以要求从卧室排到客厅。

2 孩子排完之后，用尺子量一量排了多长，然后记录在一张表格上，让孩子看看，问问孩子下次是不是能排得更长更好。

3 等孩子能够把所有积木都排进长龙之后，就可以要求孩子将积木都摞起来，最高摞了几块也记录下来，每次对比一下，看看进步。

4 在孩子在排列和堆高中遇到困难时，看孩子怎样解决遇到的困难，鼓励他坚持。

游戏提示：排长龙越长越好，搭高楼越高越好，这就要求孩子耐心、持续地做同一件事，培养孩子的自我控制能力。

磨炼孩子的自我控制力

卡尔·威特经验：

卡尔·威特曾经用“平静下来”的游戏来训练小卡尔的自我控制能力。这个游戏的规则是要求参加者在一定时间内从一堆木棍中移走一根，不能碰其他木棍，虽然内容很简单，但需要参加者集中注意力，具备很好的动作协调能力，目的是教会小卡尔情感控制技能，帮助他对付别人的干扰。小卡尔玩时，卡尔·威特可以在一旁以任何方式取笑他，但不能碰他。每取出一根木棍，每人得一分，如果对取笑毫无反应，就得两分。在游戏过程，卡尔·威特不仅告诉他怎么做，同时还要告诉他应该学会控制住自己的情感，这样他就逐渐学会自我控制。为了达到这个目的，在玩的时候，卡尔·威特不停捣乱，对着全神贯注玩游戏的小卡尔的耳朵吹气，弄出点噪声，并不停地与他说话逗他，试图分散他的注意力。但小卡尔完全不为所动，他知道，要想赢得这场游戏，就必须不受影响，“只看眼前的目标”，集中注意力，这样才能完成游戏。就这样，小卡尔的情感控制技能得到了很大的提高。

解读经典：

情感的自我控制是一个人必备的基本素质，也是一个人走向成熟的心理要素之一。有了好的控制能力，孩子就会正确地认识自己，并且对周围的干扰无动于衷，以一种轻松的心情面对一些不好的事情，而不是一怒而起。这对他们在学习和生活上都有极好的作用，并能够在将来的生活中协调地处理好一切人与人之间的关系。

要想让孩子学会控制情感，必须以毒攻毒，用以情感为基础的解决办法来解决情感问题。小卡尔就是在卡尔·威特的挑衅下游戏来学会自我控制的。此外，我们要关注孩子生气的界点。当孩子生气时，在姿势、面部表情和体态上都有表现，比如脸色通红，身体发紧，处于过度紧张状态等，此时，我们要通过分散孩子的注意力，教孩子深呼吸等方法，使孩子的情绪平静下来，以逐步加强自我控制能力。

卡尔·威特经典游戏

给花儿浇水

适宜年龄：2岁以上。

游戏准备：家里养几盆无毒的花草，再备一个小喷水壶。

游戏开始啦：

1 与孩子一起浇花，浇之前跟孩子说："花儿要开花，需要喝水、晒太阳，就跟孩子要吃饭才能长大一样。我们一起来给花儿浇水吧。"

2 让孩子拿着喷水壶，带着孩子给小花浇水，边浇边说："小花小花喝水吧。"

3 水落在花草上会引起花草晃动，可以乘机跟孩子说："看，小花喝了水多高兴啊，它跟你点头呢，它在谢谢你呢。"

游戏提示：让孩子跟着妈妈照顾花草，了解花草的需求，可以让孩子懂得尊重生命，从而发展爱心，到他自己能独立照顾了，责任心会逐步培养起来。

小贴士

孩子玩高兴了，可能会一天浇好几次水，此时可以告诉他："孩子喝多了水会撑得不舒服，小花也一样。"让他按照花草的正常需要浇水。

帮孩子建立自信

ξ卡尔·威特经验：

卡尔·威特非常看重在小卡尔幼小的心灵中建立起自信心，他从来不怀疑小卡尔的能力，并从日常生活中帮助小卡尔建立自信。从小卡尔出生起，卡尔·威特就开始训练他的观察力和听力，两岁时就让小卡尔帮助母亲收拾屋子，自己穿衣服。卡尔·威特和妻子从来都没有嘲笑或责骂过他，而是耐心地教他，鼓励他，建立他的自信心。

在小卡尔的学习中，即使有时候不尽如人意，卡尔·威特也不会立刻就把他否定了。小卡尔得了“优”，卡尔·威特自然要夸他一番，更增加了他的信心；得“良”、“中”，夸奖也是必要的，可以找找差距，但重要的依旧是夸。即使很差，也要善于夸奖，不要给孩子世界末日之感，多帮孩子找一些原因，关键是找出孩子闪亮之处给予夸奖，不让孩子失去信心。每当小卡尔做了一件好事，卡尔·威特总会夸奖他一番，这时他总会眉飞色舞，信心百倍，感受到自身的价值，这也会让他有种发自内心的幸福感。

ξ解读经典：

自信心不是生来就有的，而是经过后天的培养慢慢形成的。展现自我时，可以让他人了解自己的优点，对自己的能力和价值更自信。

孩子什么都需要学习的，父母不能以大人的标准去评判他做得不够好。当孩子做不好甚至要放弃时，父母不要责备，更不能训斥他，而要肯定他在努力学习做好，尊重他的努力，这样宽容地看待孩子的尝试，可以培养孩子自信的品质。孩子做得好的时候要表扬，孩子做出努力后，尽管未达到预期的目标，也要进行表扬。不管孩子做的事成功与否，父母都要将孩子抱在怀里，告诉他为他自己感到骄傲。这样经常性地、真诚地表扬孩子，更能让孩子对自己充满信心。在向孩子说“不”时，同样要向孩子解释原因，这样的解释是对孩子的尊重，不会打击孩子的积极性，让他对自己的能力产生怀疑，对培养孩子的自信非常重要。

卡尔·威特经典游戏

小熊生病了

适宜年龄：2岁以上。

游戏准备：一只毛绒熊。

游戏开始啦：

1 把毛绒熊放在床上，盖上毛巾，假装毛绒熊生病了，然后问孩子："小熊生病了，我们该怎么办呢？"

2 然后启发孩子想想解决的方法："宝宝生病的时候是不是很难受，想要有人陪伴，有人照顾啊？"孩子点头后，妈妈带孩子一起照顾小熊，假装帮小熊盖被子、量体温、喂水等。

3 妈妈再问孩子："宝宝每次生病的时候，妈妈是不是都给你买好吃的呀？把你的好吃的也给小熊一点吧，他吃了好吃的，就能很快痊愈了。"让孩子大方贡献出自己的零食。

4 妈妈和孩子照顾一会儿小熊，小熊的病就好了，妈妈再装作小熊的声音愉快地跟孩子说："我已经全好了，都是宝宝照顾得好，谢谢你呀。"让孩子感到自豪。

游戏提示：让孩子看望生病的小熊，体会病中小熊的痛苦并照顾小熊，培养孩子的责任感、自信心，并让他学会友好地与人相处。

小贴士

游戏结束之后，可以跟孩子讨论下妈妈生病了、爸爸睡着了，孩子应该怎么办。

培养孩子的责任心

卡尔·威特经验：

有一次，一位16岁的少年找到卡尔·威特，向卡尔·威特倾诉他的苦恼：他的父亲酗酒，经常打他的母亲和妹妹们。有一天，他实在无法忍受了，就去问父亲为什么这样。可父亲说："你还有脸问我？你早该去挣钱养活自己和妹妹们了！"当时他很难过，因为他从来没有考虑过这个，小时候父母没有教育他应该怎样做。他对卡尔·威特说，如果早有人教他应该怎么做的话，他可能现在会把母亲和妹妹照顾得非常好，他感觉自己是个罪人。卡尔·威特安慰了他，并尽力帮助他学习知识，教他做人的道理。后来，这个少年长大，娶了妻子，用自己的勤奋劳动拯救了一个快要破败的家庭。他的努力促使父亲改掉了酗酒的习惯，让他的母亲过上了幸福的生活，并把两个妹妹送进了学校。

解读经典：

很多的父母在孩子小的时候对与孩子的交流及对培养他的责任心未能给予重视，对于孩子的询问："妈妈怎么啦？怎么不高兴啦？"总是采用"没有不高兴"或"大人的事，你不懂"这样的回答，久而久之，给孩子留下的印象就是："家里的事与我没有什么关系，我只要不惹麻烦，衣来伸手，饭来张口就可以了。"从此再也不关心家里的事情，导致责任心淡漠。

孩子也有被需求感，对于孩子，要从小让他感受到自己的行为能为他人带来影响，让他感到自己是为人所属，是有用处的，从而生出自豪感和责任心。父母在家庭中，可以有意识地分派给孩子一些力所能及且与他年龄相当的劳动任务，分担适度的家务，例如，打扫卫生、负责为花草浇水等，培养孩子的责任心。要与孩子平等交流，使他感到自己的行为对别人产生的重要性，同时也培养他战胜自己弱点、增长各种能力的信心。

卡尔·威特经典游戏

室内篮球

适宜年龄：2岁半以上。

游戏准备：几张旧报纸，一个干净的纸篓，1~10的数字卡片和几朵小红花。

游戏开始啦：

1 和孩子面对面坐好，教他先用报纸制作篮球：把报纸撕成条，再团成团。然后你一个我一个跟孩子将这堆纸团平均分开，告诉孩子："我们的纸团是一样多的。"

2 把纸篓放在1米开外的地方，妈妈和孩子并排坐好，妈妈往纸篓里投1个纸团，让孩子也投1个。投中1个，就在身边放上写有"1"的数字卡片，投中两个就放"2"，谁投中放在谁的身边。

3 投不中的时候尝试跪着、站着等姿势，让孩子跟着学习。孩子投中后，可以夸奖下他。

4 两个人手上的所有纸团都投完之后，看谁身边的数字卡片数字更大，就是谁赢，然后给赢者手上贴1朵小红花。

游戏提示：这个游戏可以锻炼孩子手的灵活性和动作的准确性，还可以让孩子学习到比赛等内容，体会到竞争、成功和失败。

小贴士

让孩子既有赢的时候也有输的时候，让他既能享受胜利的喜悦又能承受失败的打击。

钓鱼比赛

适宜年龄：2岁以上。

游戏准备：在木棍一头拴线挂上磁铁代表鱼竿，把积木围成圈代表池塘，将彩纸撕成纸片，别在曲别针上代表鱼。

游戏开始啦：

1 告诉孩子那些别着曲别针的纸片是“鱼”，积木围成的圈是“池塘”。然后跟他说：“我们一起把‘鱼’放入‘池塘’吧。”一起把纸片都放入积木围成的圈中。

2 带着孩子数一数“池塘”里的鱼，再示范一下“鱼竿”钓鱼，让孩子也试试，然后妈妈提议：“我们来比赛钓鱼吧。”把“鱼竿”分给孩子一根，讲好规则：“我们一起开始，直到鱼被钓完，谁钓得多算谁赢。”

3 喊“开始”，两人一起动手，把自己钓到的鱼放在自己身边，钓完以后计数，孩子赢了要祝贺孩子，自己赢了要求孩子祝贺自己。

游戏提示：可以很好地锻炼孩子手腕关节和肌肉，培养他的自信心。

小贴士

比赛时不要总让孩子赢，总赢会让孩子变得自大，承受不了失败；也不要总让他输，总输会让他失去自信，要有输有赢。

培养孩子的同情心

ξ 卡尔·威特经验：

卡尔·威特的妻子在小卡尔还只有两岁多的时候，就开始对小卡尔在善行方面进行训练，具体的方法就是让他从心疼妈妈开始。她教他在妈妈生气时过来给妈妈消气；妈妈生病时给予体贴的表示，给妈妈做一些力所能及的事。卡尔·威特一般就引用《圣经》中的故事和古今传说以及诗中的语言等来教育卡尔做好事，附近的人们遇天灾人祸等不尽如人意的事时，都会带着小卡尔前去看望，小卡尔总会把自己存的钱拿出去慰问受灾者。

正是通过这些训练，卡尔·威特和妻子成功地培养起了小卡尔的同情心，使他对别人的情感和思想非常敏感。他周围的人都能感受到他减轻他人痛苦、替他人分忧的纯真情感，并因此而喜欢他。

ξ 解读经典：

有同情心，对别人好是一方面，但更主要的是自己更容易获得幸福。要想孩子长大后具备同情心、爱心，就必须从小开始对他们加以培养。孩子还没有能力去真正照顾别人，但一定要让他有奉献爱心的机会，得到奉献爱心的体验。妈妈可以经常让孩子帮自己做点事，另外最好给孩子养些花草或者小动物，让孩子从小照顾它们，同情心在这个过程中会被不知不觉培养出来。父母可以多教导孩子替别人着想，看到别的小朋友摔倒了，让他想想他自己摔倒是不是也痛，从而鼓励他去照顾摔倒的小朋友；看到电视中有的地方受灾了，让孩子想想那里的人们是不是很可怜，提醒他是不是能帮助他们等，让孩子学会设身处地地体谅他人需要或者痛苦，培养孩子的同情心。

卡尔·威特经典游戏

给他揉揉痛

适宜年龄：孩子1岁后就可以玩了。

游戏准备：不需要。

游戏开始啦：

1 孩子摔倒之后，可能会哭，你可以给孩子揉揉，问问他："宝宝摔到哪里了？"孩子会指出地方，然后你可以引导孩子，让孩子明白他刚刚碰到的这块地方也会感觉疼，让他也给这块地方揉揉痛。

2 孩子不小心撞到了小板凳或者手里拿的玩具掉了，不要扶正、捡起来就了事了，妈妈可以启发孩子想想小板凳和玩具是不是摔疼了，让他安慰安慰这些东西，给它们揉揉痛。

3 妈妈受了小伤或者头疼了，是培养孩子同情心的好机会，让孩子给你揉揉痛处，按摩按摩头部，可以培养孩子养成照顾别人的习惯。

游戏提示：让孩子设身处地想象其他受伤事物的感受引发他的同情心和爱心，照顾其他事物的同时他自己的伤痛感会淡化。

小贴士

当孩子照顾那些无生命的东西的时候，你不要站在自己的立场上去嘲笑他，以免伤害孩子的同情心。